L'AVARE
LE MISANTHROPE
LE BOURGEOIS GENTILHOMME

MOLIÈRE

L'Avare
Le Misanthrope
Le Bourgeois
Gentilhomme

MOLIÈRE
(1622-1673)

Jean-Baptiste Poquelin, fils d'un tapissier honoraire du roi, est baptisé le 15 janvier 1622. Les Poquelin sont des bourgeois aisés. Jean-Baptiste, dont la mère meurt lorsqu'il a dix ans, est éduqué chez les Jésuites, dans le meilleur collège de France. Puis il entreprend des études de droit. En 1637, il prête serment pour recueillir la charge de son père. Mais il rencontre Madeleine Béjart. Elle a trente ans, il en a vingt. Elle est actrice. Lorsque la famille Béjart fonde, en 1643, l'*Illustre Théâtre*, Jean-Baptiste Poquelin s'associe avec eux, et renonce à la succession paternelle.

Il devient rapidement le responsable de la troupe, et prend le nom de Molière en août 1644. La troupe joue à Paris. Mais les affaires sont mauvaises. Molière, en 1645, est même emprisonné pour dettes. Libéré, il part pour la province où il tournera treize années pendant lesquelles, jouant des tragédies, composant des comédies — aujourd'hui perdues — il apprendra les ressorts du théâtre et de la nature humaine, protégé notamment du prince de Conti, troisième personnage du royaume, jusqu'à ce que ce dernier, devenu dévot, lui retire son soutien.

En 1658, sous le patronage de Monsieur, frère du roi, il donne devant Louis XIV *Nicomède*, une tragédie qui ennuie le souverain, et *Le Docteur amoureux*, une comédie qui le fait rire aux éclats. Sa Majesté autorise la troupe à s'installer dans une salle parisienne, où elle joue des tragédies de Corneille qui remportent moins de succès que les comédies écrites par Molière : ainsi, *Les Précieuses ridicules* (1659) sont-elles un triomphe. Succèdent *Sganarelle* (où Molière reprend les « recettes de la Commedia dell'arte ») puis *L'École des maris*, *L'Amour médecin*... Sa troupe s'est installée salle du Palais-Royal, l'actuelle Comédie française.

Le 20 février 1662, il épouse Armande Béjart, la fille de

Madeleine. Pour elle, il écrira ses plus beaux rôles féminins. Ses succès, notamment avec *L'École des femmes* (1662) font des envieux. On l'accuse d'obscénité, on l'attaque sur sa vie privée. La réplique du roi, qui pensionne Molière, est cinglante : il décide d'être le parrain de Louis, fils de Molière et d'Armande Béjart, en février 1664. La Cour se tait. Car Molière a la faveur du roi, qu'il amuse. Mais le roi vieillit, et se rapproche du parti dévot. Il retire, devant le mécontentement de la Cour, son soutien à Molière, et interdit *Tartuffe* en 1664. Triste symbole : Louis, le petit filleul royal, meurt la même année. La pièce *Dom Juan*, l'année suivante, doit être retirée de l'affiche avant que le roi ne l'ait vue. Racine, pourtant ami de Molière dont la troupe répète une pièce la retire, pour la donner à une troupe concurrente.

Molière tombe malade. Et écrit, rendu amer par ces épreuves, *Le Misanthrope* (1666). En 1667, il parvient à faire rejouer *Tartuffe*. La pièce est aussitôt interdite. L'archevêque de Paris menace d'excommunication ceux qui représenteront, liront ou écouteront la pièce. Le roi, le 5 février 1669, l'autorise pourtant : c'est un triomphe.

Mais Molière, usé par les tracas, les cabales injustes et les ennuis de santé reste profondément blessé. Sa vie conjugale est un échec. Armande lui est infidèle. Il pardonne. Nouveaux triomphes, en 1670, avec *Le Bourgeois gentilhomme*, en 1672 avec *Les femmes savantes*. Molière le saltimbanque devient riche : il a une écurie, se déplace en chaise à porteurs... Mais la mort guette : c'est d'abord Madeleine Béjart, la vieille maîtresse, mère d'Armande, complice de ses débuts qui s'en va. Puis Pierre, un fils qui ne vit qu'un mois. Écarté de la Cour par Lulli, rongé par la maladie (sans doute la tuberculose), Molière monte *Le Malade imaginaire*. Le public, qui lui est resté fidèle, accourt le 17 février 1673. Bien qu'épuisé, Molière refuse de remettre la représentation. A la fin du spectacle, il est pris de convulsions. Transporté chez lui, il y meurt dans la soirée, Armande à son chevet.

L'Église, qui ne lui a jamais pardonné de s'être moqué d'elle, refuse qu'il soit enterré dans un cimetière catholique. Il faut que Louis XIV intervienne pour que le plus grand auteur comique de la littérature française soit enfin inhumé dans un endroit réservé aux non baptisés.

L'AVARE

COMÉDIE

REPRÉSENTÉE POUR LA PREMIÈRE FOIS
À PARIS SUR LE THÉÂTRE DU PALAIS-ROYAL
LE 9e DU MOIS DE SEPTEMBRE 1668

PAR LA
TROUPE DU ROI

PERSONNAGES

HARPAGON, père de Cléante et d'Élise, et amoureux de Mariane.
CLÉANTE, fils d'Harpagon, amant de Mariane.
ÉLISE, fille d'Harpagon, amante de Valère.
VALÈRE, fils d'Anselme, et amant d'Élise.
MARIANE, amante de Cléante, et aimée d'Harpagon.
ANSELME, père de Valère et de Mariane.
FROSINE, femme d'intrigue.
MAITRE SIMON, courtier.
MAITRE JACQUES, cuisinier et cocher d'Harpagon.
LA FLÈCHE, valet de Cléante.
DAME CLAUDE, servante d'Harpagon.
BRINDAVOINE, LA MERLUCHE, laquais d'Harpagon.
Le Commissaire et son Clerc.

La scène est à Paris.

ACTE PREMIER

SCÈNE I
VALÈRE, ÉLISE

VALÈRE. — Hé quoi ? charmante Élise, vous devenez mélancolique, après les obligeantes assurances que vous avez eu la bonté de me donner de votre foi ? Je vous vois soupirer, hélas ! au milieu de ma joie ! Est-ce du regret, dites-moi, de m'avoir fait heureux, et vous repentez-vous de cet engagement où mes feux ont pu vous contraindre ?

ÉLISE. — Non, Valère, je ne puis pas me repentir de tout ce que je fais pour vous. Je m'y sens entraîner par une trop douce puissance, et je n'ai pas même la force de souhaiter que les choses ne fussent pas. Mais, à vous dire vrai, le succès me donne de l'inquiétude ; et je crains fort de vous aimer un peu plus que je ne devrais.

VALÈRE. — Hé ! que pouvez-vous craindre, Élise, dans les bontés que vous avez pour moi ?

ÉLISE. — Hélas ! cent choses à la fois : l'emportement d'un père, les reproches d'une famille, les censures du monde ; mais plus que tout, Valère, le changement de votre cœur, et cette froideur criminelle dont ceux de votre sexe payent le plus souvent les témoignages trop ardents d'une innocente amour.

VALÈRE. — Ah! ne me faites pas ce tort, de juger de moi par les autres. Soupçonnez-moi de tout, Élise, plutôt que de manquer à ce que je vous dois : je vous aime trop pour cela, et mon amour pour vous durera autant que ma vie.

ÉLISE. — Ah! Valère, chacun tient les mêmes discours. Tous les hommes sont semblables par les paroles; et ce n'est que les actions qui les découvrent différents.

VALÈRE. — Puisque les seules actions font connaître ce que nous sommes, attendez donc au moins à juger de mon cœur par elles, et ne me cherchez point des crimes dans les injustes craintes d'une fâcheuse prévoyance. Ne m'assassinez point, je vous prie, par les sensibles coups d'un soupçon outrageux, et donnez-moi le temps de vous convaincre, par mille et mille preuves, de l'honnêteté de mes feux.

ÉLISE. — Hélas! qu'avec facilité on se laisse persuader par les personnes que l'on aime! Oui, Valère, je tiens votre cœur incapable de m'abuser. Je crois que vous m'aimez d'un véritable amour, et que vous me serez fidèle; je n'en veux point du tout douter, et je retranche mon chagrin aux appréhensions du blâme qu'on pourra me donner.

VALÈRE. — Mais pourquoi cette inquiétude?

ÉLISE. — Je n'aurais rien à craindre, si tout le monde vous voyait des yeux dont je vous vois, et je trouve en votre personne de quoi avoir raison aux choses que je fais pour vous. Mon cœur, pour sa défense, a tout votre mérite, appuyé du secours d'une reconnaissance où le Ciel m'engage envers vous. Je me représente à toute heure ce péril étonnant qui commença de nous offrir aux regards l'un de l'autre; cette générosité surprenante qui vous fit risquer votre vie, pour dérober la mienne à la fureur des ondes; ces soins pleins de tendresse que vous me fîtes éclater après m'avoir tirée de l'eau, et les hommages assidus de cet ardent amour que ni le temps ni les difficultés n'ont rebuté, et qui, vous faisant négliger et parents et patrie, arrête vos pas en ces lieux, y tient en ma faveur votre fortune déguisée, et vous a réduit, pour me voir, à vous revêtir de l'emploi de domestique de mon père. Tout cela fait chez moi sans doute un merveilleux effet ; et c'en est assez à mes yeux pour me justifier l'engagement où j'ai pu consentir ; mais ce n'est pas assez peut-être pour le justifier aux autres, et je ne suis pas sûre qu'on entre dans mes sentiments.

VALÈRE. — De tout ce que vous avez dit, ce n'est que par mon seul amour que je prétends auprès de vous mériter quelque chose ; et quant aux scrupules que vous avez, votre père lui-même ne prend que trop de soin de vous justifier à tout le monde ; et l'excès de son avarice, et la manière austère dont il vit avec ses enfants pourraient autoriser des choses plus étranges. Pardonnez-moi, charmante Élise, si j'en parle ainsi devant vous. Vous savez que sur ce chapitre on n'en peut pas dire de bien. Mais enfin, si je puis, comme je l'espère, retrouver mes parents, nous n'aurons pas beaucoup de peine à nous le rendre favorable. J'en attends des nouvelles avec impatience, et j'en irai chercher moi-même, si elles tardent à venir.

ÉLISE. — Ah ! Valère, ne bougez d'ici, je vous prie ; et songez seulement à vous bien mettre dans l'esprit de mon père.

VALÈRE. — Vous voyez comme je m'y prends, et les adroites complaisances qu'il m'a fallu mettre en usage pour m'introduire à son service ; sous quel masque de sympathie et de rapports de sentiments je me déguise pour lui plaire, et quel personnage je joue tous les jours avec lui, afin d'acquérir sa tendresse. J'y fais des progrès admirables ; et j'éprouve que pour gagner les hommes, il n'est point de meilleure voie que de se parer à leurs yeux de leurs inclinations, que de donner dans leurs maximes, encenser leurs défauts, et applaudir à ce qu'ils font. On n'a que faire d'avoir peur de trop charger la complaisance ; et la manière dont on les joue a beau être visible, les plus fins toujours sont de grandes dupes du côté de la flatterie ; et il n'y a rien de si impertinent et de si ridicule qu'on ne fasse avaler lorsqu'on l'assaisonne en louange. La sincérité souffre un peu au métier que je fais ; mais quand on a besoin des hommes, il faut bien s'ajuster à eux ; et puisqu'on ne saurait les gagner que par là, ce n'est pas la faute de ceux qui flattent, mais de ceux qui veulent être flattés.

ÉLISE. — Mais que ne tâchez-vous aussi à gagner l'appui de mon frère, en cas que la servante s'avisât de révéler notre secret ?

VALÈRE. — On ne peut pas ménager l'un et l'autre ; et l'esprit du père et celui du fils sont des choses si opposées qu'il est difficile d'accommoder ces deux confidences ensemble. Mais vous, de votre part, agissez auprès de votre frère, et servez-vous de l'amitié qui est entre vous deux pour le jeter dans nos intérêts. Il vient, je me retire. Prenez ce temps pour lui parler ; et ne lui découvrez de notre affaire que ce que vous jugerez à propos.

ÉLISE. — Je ne sais si j'aurai la force de lui faire cette confidence.

SCÈNE II
CLÉANTE, ÉLISE

CLÉANTE. — Je suis bien aise de vous trouver seule, ma sœur ; et je brûlais de vous parler, pour m'ouvrir à vous d'un secret.

ÉLISE. — Me voilà prête à vous ouïr, mon frère. Qu'avez-vous à me dire ?

CLÉANTE. — Bien des choses, ma sœur, enveloppées dans un mot : j'aime.

ÉLISE. — Vous aimez ?

CLÉANTE. — Oui, j'aime. Mais avant que d'aller plus loin, je sais que je dépends d'un père, et que le nom de fils me soumet à ses volontés ; que nous ne devons point engager notre foi sans le consentement de ceux dont nous tenons le jour ; que le Ciel les a faits les maîtres de nos vœux, et qu'il nous est enjoint de n'en disposer que par leur conduite ; que n'étant prévenus d'aucune folle ardeur, ils sont en état de se tromper bien moins que nous, et de voir beaucoup mieux ce qui nous est propre ; qu'il en faut plutôt croire les lumières de leur prudence que l'aveuglement de notre passion ;

et que l'emportement de la jeunesse nous entraîne le
plus souvent dans des précipices fâcheux. Je vous dis
tout cela, ma sœur, afin que vous ne vous donniez pas
la peine de me le dire ; car enfin mon amour ne veut
rien écouter, et je vous prie de ne me point faire de
remontrances.

ÉLISE. — Vous êtes-vous engagé, mon frère, avec
celle que vous aimez ?

CLÉANTE. — Non, mais j'y suis résolu ; et je vous
conjure encore une fois de ne me point apporter de
raisons pour m'en dissuader.

ÉLISE. — Suis-je, mon frère, une si étrange personne ?

CLÉANTE. — Non, ma sœur ; mais vous n'aimez pas :
vous ignorez la douce violence qu'un tendre amour fait
sur nos cœurs, et j'appréhende votre sagesse.

ÉLISE. — Hélas ! mon frère, ne parlons point de ma
sagesse. Il n'est personne qui n'en manque, du moins
une fois en sa vie ! et si je vous ouvre mon cœur,
peut-être serai-je à vos yeux bien moins sage que vous.

CLÉANTE. — Ah ! plût au Ciel que votre âme, comme
la mienne...

ÉLISE. — Finissons auparavant votre affaire, et me
dites qui est celle que vous aimez.

CLÉANTE. — Une jeune personne qui loge depuis peu
en ces quartiers, et qui semble être faite pour donner
de l'amour à tous ceux qui la voient. La nature, ma
sœur, n'a rien formé de plus aimable ; et je me sentis
transporté dès le moment que je la vis. Elle se nomme
Mariane, et vit sous la conduite d'une bonne femme de
mère, qui est presque toujours malade, et pour qui
cette aimable fille a des sentiments d'amitié qui ne
sont pas imaginables. Elle la sert, la plaint, et la
console avec une tendresse qui vous toucherait l'âme.
Elle se prend d'un air le plus charmant du monde aux
choses qu'elle fait, et l'on voit briller mille grâces en
toutes ses actions : une douceur pleine d'attraits, une
bonté tout engageante, une honnêteté adorable, une...
Ah ! ma sœur, je voudrais que vous l'eussiez vue.

ÉLISE. — J'en vois beaucoup, mon frère, dans les

choses que vous me dites ; et pour comprendre ce
qu'elle est, il me suffit que vous l'aimez.

CLÉANTE. — J'ai découvert sous main qu'elles ne sont
pas fort accommodées, et que leur discrète conduite a
de la peine à étendre à tous leurs besoins le bien
qu'elles peuvent avoir. Figurez-vous, ma sœur, quelle
joie ce peut être que de relever la fortune d'une personne que l'on aime ; que de donner adroitement quelques petits secours aux modestes nécessités d'une ver-
tueuse famille ; et concevez quel déplaisir ce m'est de
voir que, par l'avarice d'un père, je sois dans l'impuis-
sance de goûter cette joie, et de faire éclater à cette
belle aucun témoignage de mon amour.

ÉLISE. — Oui, je conçois assez, mon frère, quel doit
être votre chagrin.

CLÉANTE. — Ah ! ma sœur, il est plus grand qu'on ne
peut croire. Car enfin peut-on rien voir de plus cruel
que cette rigoureuse épargne qu'on exerce sur nous,
que cette sécheresse étrange où l'on nous fait languir ?
Et que nous servira d'avoir du bien, s'il ne nous vient
que dans le temps que nous ne serons plus dans le bel
âge d'en jouir, et si pour m'entretenir même, il faut
que maintenant je m'engage de tous côtés, si je suis
réduit avec vous à chercher tous les jours le secours
des marchands, pour avoir moyen de porter des habits
raisonnables ? Enfin j'ai voulu vous parler, pour
m'aider à sonder mon père sur les sentiments où je
suis ; et si je l'y trouve contraire, j'ai résolu d'aller en
d'autres lieux, avec cette aimable personne, jouir de la
fortune que le Ciel voudra nous offrir. Je fais chercher
partout pour ce dessein de l'argent à emprunter ; et si
vos affaires, ma sœur, sont semblables aux miennes, et
qu'il faille que notre père s'oppose à nos désirs, nous le
quitterons là tous les deux et nous affranchirons de
cette tyrannie où nous tient depuis si longtemps son
avarice insupportable.

ÉLISE. — Il est bien vrai que, tous les jours, il nous
donne de plus en plus sujet de regretter la mort de
notre mère, et que...

CLÉANTE. — J'entends sa voix. Éloignons-nous un

peu, pour nous achever nos forces pour venir attaquer la dureté de son humeur.

SCÈNE III
HARPAGON, LA FLÈCHE

HARPAGON. — Hors d'ici tout à l'heure, et qu'on ne réplique pas. Allons, que l'on détale de chez moi, maître juré filou, vrai gibier de potence.

LA FLÈCHE. — Je n'ai jamais rien vu de si méchant que ce maudit vieillard et je pense, sauf correction, qu'il a le diable au corps.

HARPAGON. — Tu murmures entre tes dents.

LA FLÈCHE. — Pourquoi me chassez-vous?

HARPAGON. — C'est bien à toi, pendard, à me demander des raisons; sors vite, que je ne t'assomme.

LA FLÈCHE. — Qu'est-ce que je vous ai fait?

HARPAGON. — Tu m'as fait que je veux que tu sortes.

LA FLÈCHE. — Mon maître, votre fils, m'a donné ordre de l'attendre.

HARPAGON. — Va-t'en l'attendre dans la rue, et ne sois point dans ma maison planté tout droit comme un piquet, à observer ce qui se passe, et faire ton profit de tout. Je ne veux point avoir sans cesse devant moi un espion de mes affaires, un traître, dont les yeux maudits assiègent toutes mes actions, dévorent ce que je possède, et furètent de tous côtés pour voir s'il n'y a rien à voler.

LA FLÈCHE. — Comment diantre voulez-vous qu'on fasse pour vous voler? Êtes-vous un homme volable, quand vous renfermez toutes choses, et faites sentinelle jour et nuit?

HARPAGON. — Je veux renfermer ce que bon me semble, et faire sentinelle comme il me plaît. Ne voilà pas de mes mouchards, qui prennent garde à ce qu'on fait? Je tremble qu'il n'ait soupçonné quelque chose de mon argent. Ne serais-tu point homme à aller faire courir le bruit que j'ai chez moi de l'argent caché?

LA FLÈCHE. — Vous avez de l'argent caché?

HARPAGON. — Non, coquin, je ne dis pas cela. (*A part.*) J'enrage. Je demande si malicieusement tu n'irais point faire courir le bruit que j'en ai.

La Flèche. — Hé! que nous importe que vous en ayez ou que vous n'en ayez pas, si c'est pour nous la même chose?

Harpagon. — Tu fais le raisonneur. Je te baillerai de ce raisonnement-ci par les oreilles. (*Il lève la main pour lui donner un soufflet.*) Sors d'ici, encore une fois.

La Flèche. — Hé bien! je sors.

Harpagon. — Attends. Ne m'emportes-tu rien?

La Flèche. — Que vous emporterais-je?

Harpagon. — Viens çà, que je voie. Montre-moi tes mains.

La Flèche. — Les voilà.

Harpagon. — Les autres.

La Flèche. — Les autres?

Harpagon. — Oui.

La Flèche. — Les voilà.

Harpagon. — N'as-tu rien mis ici dedans?

La Flèche. — Voyez vous-même.

Harpagon. (*Il tâte le bas de ses chausses.*) — Ces grands hauts-de-chausses sont propres à devenir les receleurs des choses qu'on dérobe; et je voudrais qu'on en eût fait pendre quelqu'un.

La Flèche. — Ah! qu'un homme comme cela mériterait bien ce qu'il craint! et que j'aurais de joie à le voler!

Harpagon. — Euh?

La Flèche. — Quoi?

Harpagon. — Qu'est-ce que tu parles de voler?

La Flèche. — Je dis que vous fouillez bien partout, pour voir si je vous ai volé.

Harpagon. — C'est ce que je veux faire.

Il fouille dans les poches de La Flèche.

La Flèche. — La peste soit de l'avarice et des avaricieux!

Harpagon. — Comment? que dis-tu?

La Flèche. — Ce que je dis?

Harpagon. — Oui : qu'est-ce que tu dis d'avarice et d'avaricieux!

La Flèche. — Je dis que la peste soit de l'avarice et des avaricieux.

HARPAGON. — De qui veux-tu parler?

LA FLÈCHE. — Des avaricieux.

HARPAGON. — Et qui sont-ils ces avaricieux?

LA FLÈCHE. — Des vilains et des ladres.

HARPAGON. — Mais qui est-ce que tu entends par là?

LA FLÈCHE. — De quoi vous mettez-vous en peine?

HARPAGON. — Je me mets en peine de ce qu'il faut.

LA FLÈCHE. — Est-ce que vous croyez que je veux parler de vous?

HARPAGON. — Je crois ce que je crois; mais je veux que tu me dises à qui tu parles quand tu dis cela.

LA FLÈCHE. — Je parle... je parle à mon bonnet.

HARPAGON. — Et moi, je pourrais bien parler à ta barrette.

LA FLÈCHE. — M'empêcherez-vous de maudire les avaricieux?

HARPAGON. — Non; mais je t'empêcherai de jaser, et d'être insolent. Tais-toi.

LA FLÈCHE. — Je ne nomme personne.

HARPAGON. — Je te rosserai, si tu parles.

LA FLÈCHE. — Qui se sent morveux, qu'il se mouche.

HARPAGON. — Te tairas-tu?

LA FLÈCHE. — Oui, malgré moi.

HARPAGON. — Ha! ha!

LA FLÈCHE, *lui montrant une des poches de son justaucorps*. — Tenez, voilà encore une poche; êtes-vous satisfait?

HARPAGON. — Allons, rends-le-moi sans te fouiller.

LA FLÈCHE. — Quoi?

HARPAGON. — Ce que tu m'as pris.

LA FLÈCHE. — Je ne vous ai rien pris du tout.

HARPAGON. — Assurément?

LA FLÈCHE. — Assurément.

HARPAGON. — Adieu : va-t'en à tous les diables.

LA FLÈCHE. — Me voilà fort bien congédié.

HARPAGON. — Je te le mets sur ta conscience, au moins. Voilà un pendard de valet qui m'incommode fort, et je ne me plais point à voir ce chien de boiteux-là.

SCÈNE IV
ÉLISE, CLÉANTE, HARPAGON

HARPAGON. — Certes ce n'est pas une petite peine que de garder chez soi une grande somme d'argent ; et bienheureux qui a tout son fait bien placé, et ne conserve seulement que ce qu'il faut pour sa dépense. On n'est pas peu embarrassé à inventer dans toute une maison une cache fidèle ; car pour moi, les coffres-forts me sont suspects, et je ne veux jamais m'y fier : je les tiens justement une franche amorce à voleurs, et c'est toujours la première chose que l'on va attaquer. Cependant je ne sais si j'aurai bien fait d'avoir enterré dans mon jardin dix mille écus qu'on me rendit hier. Dix mille écus en or chez soi est une somme assez...

Ici le frère et la sœur paraissent s'entretenant bas.

O Ciel ! je me serai trahi moi-même : la chaleur m'aura emporté, et je crois que j'ai parlé haut en raisonnant tout seul. Qu'est-ce ?

CLÉANTE. — Rien, mon père.

HARPAGON. — Y a-t-il longtemps que vous êtes là ?

ÉLISE. — Nous ne venons que d'arriver.

HARPAGON. — Vous avez entendu...

CLÉANTE. — Quoi, mon père ?

HARPAGON. — Là...

ÉLISE. — Quoi ?

HARPAGON. — Ce que je viens de dire.

CLÉANTE. — Non.

HARPAGON. — Si fait, si fait.

ÉLISE. — Pardonnez-moi.

HARPAGON. — Je vois bien que vous en avez ouï quelques mots. C'est que je m'entretenais en moi-même de la peine qu'il y a aujourd'hui à trouver de l'argent, et je disais qu'il est bien heureux qui peut avoir dix mille écus chez soi.

CLÉANTE. — Nous feignions à vous aborder, de peur de vous interrompre.

HARPAGON. — Je suis bien aise de vous dire cela, afin que vous n'alliez pas prendre les choses de travers et vous imaginer que je dise que c'est moi qui ai dix mille écus.

CLÉANTE. — Nous n'entrons point dans vos affaires.

HARPAGON. — Plût à Dieu que je les eusse, dix mille écus !

CLÉANTE. — Je ne crois pas...

HARPAGON. — Ce serait une bonne affaire pour moi.

ÉLISE. — Ce sont des choses...

HARPAGON. — J'en aurais bon besoin.

CLÉANTE. — Je pense que...

HARPAGON. — Cela m'accommoderait fort.

ÉLISE. — Vous êtes...

HARPAGON. — Et je ne me plaindrais pas, comme je fais, que le temps est misérable.

CLÉANTE. — Mon Dieu ! mon père, vous n'avez pas lieu de vous plaindre, et l'on sait que vous avez assez de bien.

HARPAGON. — Comment ? j'ai assez de bien ! Ceux qui le disent en ont menti. Il n'y a rien de plus faux ; et ce sont des coquins qui font courir tous ces bruits-là.

ÉLISE. — Ne vous mettez point en colère.

HARPAGON. — Cela est étrange, que mes propres enfants me trahissent et deviennent mes ennemis !

CLÉANTE. — Est-ce être votre ennemi, que de dire que vous avez du bien !

HARPAGON. — Oui : de pareils discours et les dépenses que vous faites seront cause qu'un de ces jours on me viendra chez moi couper la gorge, dans la pensée que je suis tout cousu de pistoles.

CLÉANTE. — Quelle grande dépense est-ce que je fais ?

HARPAGON. — Quelle ? Est-il rien de plus scandaleux que ce somptueux équipage que vous promenez par la ville ? Je querellais hier votre sœur ; mais c'est encore pis. Voilà qui crie vengeance au Ciel ; et à vous prendre depuis les pieds jusqu'à la tête, il y aurait là de quoi faire une bonne constitution. Je vous l'ai dit vingt fois, mon fils, toutes vos manières me déplaisent fort : vous donnez furieusement dans le marquis ; et pour aller ainsi vêtu, il faut bien que vous me dérobiez.

CLÉANTE. — Hé! comment vous dérober?

HARPAGON. — Que sais-je? Où pouvez-vous donc prendre de quoi entretenir l'état que vous portez?

CLÉANTE. — Moi, mon père? C'est que je joue; et comme je suis fort heureux, je mets sur moi tout l'argent que je gagne.

HARPAGON. — C'est fort mal fait. Si vous êtes heureux au jeu, vous en devriez profiter, et mettre à honnête intérêt l'argent que vous gagnez afin de le trouver un jour. Je voudrais bien savoir, sans parler du reste, à quoi servent tous ces rubans dont vous voilà lardé depuis les pieds jusqu'à la tête, et si une demi-douzaine d'aiguillettes ne suffit pas pour attacher un haut-de-chausses? Il est bien nécessaire d'employer de l'argent à des perruques, lorsque l'on peut porter des cheveux de son cru, qui ne coûtent rien. Je vais gager qu'en perruques et rubans, il y a du moins vingt pistoles; et vingt pistoles rapportent par année dix-huit livres six sols huit deniers, à ne les placer qu'au denier douze.

CLÉANTE. — Vous avez raison.

HARPAGON. — Laissons cela, et parlons d'autre affaire. Euh? Je crois qu'ils se font signe l'un à l'autre de me voler ma bourse. Que veulent dire ces gestes-là?

ÉLISE. — Nous marchandons, mon frère et moi, à qui parlera le premier; et nous avons tous deux quelque chose à vous dire.

HARPAGON. — Et moi, j'ai quelque chose aussi à vous dire à tous deux.

CLÉANTE. — C'est de mariage, mon père, que nous désirons vous parler.

HARPAGON. — Et c'est de mariage aussi que je veux vous entretenir.

ÉLISE. — Ah! mon père!

HARPAGON. — Pourquoi ce cri? Est-ce le mot, ma fille, ou la chose, qui vous fait peur?

CLÉANTE. — Le mariage peut nous faire peur à tous deux, de la façon que vous pouvez l'entendre; et nous craignons que nos sentiments ne soient pas d'accord avec votre choix.

HARPAGON. — Un peu de patience. Ne vous alarmez point. Je sais ce qu'il faut à tous deux ; et vous n'aurez ni l'un ni l'autre aucun lieu de vous plaindre de tout ce que je prétends faire. Et pour commencer par un bout : avez-vous vu, dites-moi, une jeune personne appelée Mariane, qui ne loge pas loin d'ici ?

CLÉANTE. — Oui, mon père.

HARPAGON. — Et vous ?

ÉLISE. — J'en ai ouï parler.

HARPAGON. — Comment, mon fils, trouvez-vous cette fille ?

CLÉANTE. — Une fort charmante personne.

HARPAGON. — Sa physionomie ?

CLÉANTE. — Tout honnête, et pleine d'esprit.

HARPAGON. — Son air et sa manière ?

CLÉANTE. — Admirables, sans doute.

HARPAGON. — Ne croyez-vous pas qu'une fille comme cela mériterait assez que l'on songeât à elle ?

CLÉANTE. — Oui, mon père.

HARPAGON. — Que ce serait un parti souhaitable ?

CLÉANTE. — Très souhaitable.

HARPAGON. — Qu'elle a toute la mine de faire un bon ménage ?

CLÉANTE. — Sans doute.

HARPAGON. — Et qu'un mari aurait satisfaction avec elle ?

CLÉANTE. — Assurément.

HARPAGON. — Il y a une petite difficulté : c'est que j'ai peur qu'il n'y ait pas avec elle tout le bien qu'on pourrait prétendre.

CLÉANTE. — Ah ! mon père, le bien n'est pas considérable, lorsqu'il est question d'épouser une honnête personne.

HARPAGON. — Pardonnez-moi, pardonnez-moi. Mais ce qu'il y a à dire, c'est que si l'on n'y trouve pas tout le bien qu'on souhaite, on peut tâcher de regagner cela sur autre chose.

CLÉANTE. — Cela s'entend.

HARPAGON. — Enfin je suis bien aise de vous voir dans mes sentiments ; car son maintien honnête et sa douceur m'ont gagné l'âme, et je suis résolu de l'épouser, pourvu que j'y trouve quelque bien.

CLÉANTE. — Euh?

HARPAGON. — Comment?

CLÉANTE. — Vous êtes résolu, dites-vous...?

HARPAGON. — D'épouser Mariane.

CLÉANTE. — Qui, vous? vous?

HARPAGON. — Oui, moi, moi, moi. Que veut dire cela?

CLÉANTE. — Il m'a pris tout à coup un éblouissement, et je me retire d'ici.

HARPAGON. — Cela ne sera rien. Allez vite boire dans la cuisine un grand verre d'eau claire. Voilà de mes damoiseaux flouets, qui n'ont non plus de vigueur que des poules. C'est là, ma fille, ce que j'ai résolu pour moi. Quant à ton frère, je lui destine une certaine veuve dont ce matin on m'est venu parler; et pour toi, je te donne au seigneur Anselme.

ÉLISE. — Au seigneur Anselme?

HARPAGON. — Oui, un homme mûr, prudent et sage, qui n'a pas plus de cinquante ans, et dont on vante les grands biens.

ÉLISE. — *Elle fait une révérence.* — Je ne veux point me marier, mon père, s'il vous plaît.

HARPAGON. — *Il contrefait la révérence.* — Et moi, ma petite fille, ma mie, je veux que vous vous mariiez, s'il vous plaît.

ÉLISE. — Je vous demande pardon, mon père.

HARPAGON. — Je vous demande pardon, ma fille.

ÉLISE. — Je suis très humble servante du seigneur Anselme; mais avec votre permission, je ne l'épouserai point.

HARPAGON. — Je suis votre très humble valet; mais, avec votre permission, vous l'épouserez dès ce soir.

ÉLISE. — Dès ce soir?

HARPAGON. — Dès ce soir.

ÉLISE. — Cela ne sera pas, mon père.

HARPAGON. — Cela sera, ma fille.

ÉLISE. — Non.

HARPAGON. — Si

ÉLISE. — Non, vous dis-je.

HARPAGON. — Si, vous dis-je.

ÉLISE. — C'est une chose où vous ne me réduirez point.

HARPAGON. — C'est une chose où je te réduirai.

ÉLISE. — Je me tuerai plutôt que d'épouser un tel mari.

HARPAGON. — Tu ne te tueras point, et tu l'épouseras. Mais voyez quelle audace! A-t-on jamais vu une fille parler de la sorte à son père?

ÉLISE. — Mais a-t-on jamais vu un père marier sa fille de la sorte?

HARPAGON. — C'est un parti où il n'y a rien à redire; et je gage que tout le monde approuvera mon choix.

ÉLISE. — Et moi, je gage qu'il ne saurait être approuvé d'aucune personne raisonnable.

HARPAGON. — Voilà Valère : veux-tu qu'entre nous deux nous le fassions juge de cette affaire?

ÉLISE. — J'y consens.

HARPAGON. — Te rendras-tu à son jugement?

ÉLISE. — Oui, j'en passerai par ce qu'il dira.

HARPAGON. — Voilà qui est fait.

SCÈNE V
VALÈRE, HARPAGON, ÉLISE

HARPAGON. — Ici, Valère. Nous t'avons élu pour nous dire qui a raison, de ma fille ou de moi.

VALÈRE. — C'est vous, Monsieur, sans contredit.

HARPAGON. — Sais-tu bien de quoi nous parlons?

VALÈRE. — Non, mais vous ne sauriez avoir tort, et vous êtes toute raison.

HARPAGON. — Je veux ce soir lui donner pour époux un homme aussi riche que sage; et la coquine me dit au nez qu'elle se moque de le prendre. Que dis-tu de cela?

VALÈRE. — Ce que j'en dis?

HARPAGON. — Oui.

VALÈRE. — Eh, eh.

HARPAGON. — Quoi?

VALÈRE. — Je dis que dans le fond je suis de votre

sentiment; et vous ne pouvez pas que vous n'ayez
raison. Mais aussi n'a-t-elle pas tort tout à fait, et...

HARPAGON. — Comment? le seigneur Anselme est un
parti considérable, c'est un gentilhomme qui est
noble, doux, posé, sage, et fort accommodé, et auquel il
ne reste aucun enfant de son premier mariage. Sau-
rait-elle mieux rencontrer?

VALÈRE. — Cela est vrai. Mais elle pourrait vous dire
que c'est un peu précipiter les choses, et qu'il faudrait
au moins quelque temps pour voir si son inclination
pourra s'accommoder avec...

HARPAGON. — C'est une occasion qu'il faut prendre
vite aux cheveux. Je trouve ici un avantage qu'ailleurs
je ne trouverais pas, et il s'engage à la prendre sans
dot.

VALÈRE. — Sans dot?

HARPAGON. — Oui.

VALÈRE. — Ah! je ne dis plus rien. Voyez-vous? voilà
une raison tout à fait convaincante; il se faut rendre à
cela.

HARPAGON. — C'est pour moi une épargne considérable.

VALÈRE. — Assurément, cela ne reçoit point de
contradiction. Il est vrai que votre fille vous peut
représenter que le mariage est une plus grande affaire
qu'on ne peut croire; qu'il y va d'être heureux ou
malheureux toute sa vie; et qu'un engagement qui doit
durer jusqu'à la mort ne se doit jamais faire qu'avec de
grandes précautions.

HARPAGON. — Sans dot.

VALÈRE. — Vous avez raison : voilà qui décide tout,
cela s'entend. Il y a des gens qui pourraient vous dire
qu'en de telles occasions l'inclination d'une fille est
une chose sans doute où l'on doit avoir de l'égard; et
que cette grande inégalité d'âge, d'humeur et de sentiments, rend un mariage sujet à des accidents très
fâcheux.

HARPAGON. — Sans dot.

VALÈRE. — Ah! il n'y a pas de réplique à cela : on le
sait bien; qui diantre peut aller là contre? Ce n'est pas

qu'il n'y ait quantité de pères qui aimeraient mieux
ménager la satisfaction de leurs filles que l'argent
qu'ils pourraient donner; qui ne les voudraient point
sacrifier à l'intérêt, et chercheraient plus que toute
autre chose à mettre dans un mariage cette douce
conformité qui sans cesse y maintient l'honneur, la
tranquillité et la joie, et que...

HARPAGON. — Sans dot.

VALÈRE. — Il est vrai : cela ferme la bouche à tout,
sans dot. Le moyen de résister à une raison comme
celle-là ?

HARPAGON. *Il regarde vers le jardin.* — Ouais! il me
semble que j'entends un chien qui aboie. N'est-ce point
qu'on en voudrait à mon argent? Ne bougez, je reviens
tout à l'heure.

ÉLISE. — Vous moquez-vous, Valère, de lui parler
comme vous faites?

VALÈRE. — C'est pour ne point l'aigrir, et pour en
venir mieux à bout. Heurter de front ses sentiments est
le moyen de tout gâter; et il y a de certains esprits qu'il
ne faut prendre qu'en biaisant, des tempéraments
ennemis de toute résistance, des naturels rétifs, que la
vérité fait cabrer, qui toujours se roidissent contre le
droit chemin de la raison, et qu'on ne mène qu'en
tournant où l'on veut les conduire. Faites semblant de
consentir à ce qu'il veut, vous en viendrez mieux à vos
fins, et...

ÉLISE. — Mais ce mariage, Valère?

VALÈRE. — On cherchera des biais pour le rompre.

ÉLISE. — Mais quelle invention trouver, s'il se doit
conclure ce soir?

VALÈRE. — Il faut demander un délai, et feindre
quelque maladie.

ÉLISE. — Mais on découvrira la feinte, si l'on appelle
des médecins.

VALÈRE. — Vous moquez-vous? Y connaissent-ils
quelque chose? Allez, allez, vous pourrez avec eux
avoir quel mal il vous plaira, ils vous trouveront des
raisons pour vous dire d'où cela vient.

HARPAGON. — Ce n'est rien, Dieu merci.

VALÈRE. — Enfin notre dernier recours, c'est que la fuite nous peut mettre à couvert de tout ; et si votre amour, belle Élise, est capable d'une fermeté... (*Il aperçoit Harpagon.*) Oui, il faut qu'une fille obéisse à son père. Il ne faut point qu'elle regarde comme un mari est fait, et lorsque la grande raison de *sans dot* s'y rencontre, elle doit être prête à prendre tout ce qu'on lui donne.

HARPAGON. — Bon. Voilà bien parlé, cela.

VALÈRE. — Monsieur, je vous demande pardon si je m'emporte un peu et prends la hardiesse de lui parler comme je fais.

HARPAGON. — Comment ? j'en suis ravi, et je veux que tu prennes sur elle un pouvoir absolu. Oui, tu as beau fuir. Je lui donne l'autorité que le Ciel me donne sur toi, et j'entends que tu fasses tout ce qu'il te dira.

VALÈRE. — Après cela, résistez à mes remontrances. Monsieur, je vais la suivre, pour lui continuer les leçons que je lui faisais.

HARPAGON. — Oui, tu m'obligeras. Certes...

VALÈRE. — Il est bon de lui tenir un peu la bride haute.

HARPAGON. — Cela est vrai. Il faut...

VALÈRE. — Ne vous mettez pas en peine. Je crois que j'en viendrai à bout.

HARPAGON. — Fais, fais. Je m'en vais faire un petit tour en ville, et reviens tout à l'heure.

VALÈRE. — Oui, l'argent est plus précieux que toutes les choses du monde, et vous devez rendre grâces au Ciel de l'honnête homme de père qu'il vous a donné. Il sait ce que c'est que de vivre. Lorsqu'on s'offre de prendre une fille sans dot, on ne doit point regarder plus avant. Tout est renfermé là-dedans, et *sans dot* tient de beauté, de jeunesse, de naissance, d'honneur, de sagesse et de probité.

HARPAGON. — Ah ! le brave garçon ! Voilà parlé comme un oracle. Heureux qui peut avoir un domestique de la sorte !

ACTE II

SCÈNE I
CLÉANTE, LA FLÈCHE

CLÉANTE. — Ah! traître que tu es, où t'es-tu donc allé fourrer? Ne t'avais-je pas donné ordre...

LA FLÈCHE. — Oui, Monsieur, et je m'étais rendu ici pour vous attendre de pied ferme; mais Monsieur votre père, le plus malgracieux des hommes, m'a chassé dehors malgré moi, et j'ai couru le risque d'être battu.

CLÉANTE. — Comment va notre affaire? Les choses pressent plus que jamais; et depuis que je ne t'ai vu, j'ai découvert que mon père est mon rival.

LA FLÈCHE. — Votre père amoureux?

CLÉANTE. — Oui; et j'ai eu toutes les peines du monde à lui cacher le trouble où cette nouvelle m'a mis.

LA FLÈCHE. — Lui se mêler d'aimer! De quoi diable s'avise-t-il? Se moque-t-il du monde? Et l'amour a-t-il été fait pour des gens bâtis comme lui?

CLÉANTE. — Il a fallu, pour mes péchés, que cette passion lui soit venue en tête.

LA FLÈCHE. — Mais par quelle raison lui faire un mystère de votre amour?

CLÉANTE. — Pour lui donner moins de soupçon, et me conserver au besoin des ouvertures plus aisées pour détourner ce mariage. Quelle réponse t'a-t-on faite ?

LA FLÈCHE. — Ma foi ! Monsieur, ceux qui empruntent sont bien malheureux ; et il faut essuyer d'étranges choses lorsqu'on en est réduit à passer, comme vous, par les mains des fesse-mathieux.

CLÉANTE. — L'affaire ne se fera point ?

LA FLÈCHE. — Pardonnez-moi. Notre maître Simon, le courtier qu'on nous a donné, homme agissant et plein de zèle, dit qu'il a fait rage pour vous ; et il assure que votre seule physionomie lui a gagné le cœur.

CLÉANTE. — J'aurai les quinze mille francs que je demande ?

LA FLÈCHE. — Oui ; mais à quelques petites conditions, qu'il faudra que vous acceptiez, si vous avez dessein que les choses se fassent.

CLÉANTE. — T'a-t-il fait parler à celui qui doit prêter l'argent ?

LA FLÈCHE. — Ah ! vraiment, cela ne va pas de la sorte. Il apporte encore plus de soin à se cacher que vous, et ce sont des mystères bien plus grands que vous ne pensez. On ne veut point du tout dire son nom, et l'on doit aujourd'hui l'aboucher avec vous, dans une maison empruntée, pour être instruit, par votre bouche, de votre bien et de votre famille ; et je ne doute point que le seul nom de votre père ne rende les choses faciles.

CLÉANTE. — Et principalement notre mère étant morte, dont on ne peut m'ôter le bien.

LA FLÈCHE. — Voici quelques articles qu'il a dictés lui-même à notre entremetteur, pour vous être montrés, avant que de rien faire :

Supposé que le prêteur voie toutes ses sûretés, et que l'emprunteur soit majeur, et d'une famille où le bien soit ample, solide, assuré, clair, et net de tout embarras, on fera une bonne et exacte obligation par-devant un notaire, le plus honnête homme qu'il se pourra, et qui, pour cet effet, sera choisi par le prêteur, auquel il importe le plus que l'acte soit dûment dressé.

CLÉANTE. — Il n'y a rien à dire à cela.

LA FLÈCHE. — *Le prêteur, pour ne charger sa conscience d'aucun scrupule, prétend ne donner son argent qu'au denier dix-huit.*

CLÉANTE. — Au denier dix-huit? Parbleu! voilà qui est honnête. Il n'y a pas lieu de se plaindre.

LA FLÈCHE. — Cela est vrai.

Mais comme ledit prêteur n'a pas chez lui la somme dont il est question, et que pour faire plaisir à l'emprunteur, il est contraint lui-même de l'emprunter d'un autre, sur le pied du denier cinq, il conviendra que ledit premier emprunteur paye cet intérêt, sans préjudice du reste, attendu que ce n'est que pour l'obliger que ledit prêteur s'engage à cet emprunt.

CLÉANTE. — Comment diable! quel Juif, quel Arabe est-ce-là? C'est plus qu'au denier quatre.

LA FLÈCHE. — Il est vrai; c'est ce que j'ai dit. Vous avez à voir là-dessus.

CLÉANTE. — Que veux-tu que je voie? J'ai besoin d'argent; et il faut bien que je consente à tout.

LA FLÈCHE. — C'est la réponse que j'ai faite.

CLÉANTE. — Il y a encore quelque chose?

LA FLÈCHE. — Ce n'est plus qu'un petit article.

Des quinze mille francs qu'on demande, le prêteur ne pourra compter en argent que douze mille livres, et pour les mille écus restants, il faudra que l'emprunteur prenne les hardes, nippes, et bijoux dont s'ensuit le mémoire, et que ledit prêteur a mis, de bonne foi, au plus modique prix qu'il lui a été possible.

CLÉANTE. — Que veut dire cela?

LA FLÈCHE. — Écoutez le mémoire.

Premièrement, un lit de quatre pieds, à bandes de points de Hongrie, appliqués fort proprement sur un drap de couleur d'olive, avec six chaises et la courtepointe de même; le tout bien conditionné, et doublé d'un petit taffetas changeant rouge et bleu.

Plus, un pavillon à queue, d'une bonne serge d'Aumale rose-sèche, avec le mollet et les franges de soie.

CLÉANTE. — Que veut-il que je fasse de cela?

LA FLÈCHE. — Attendez.

Plus, une tenture de tapisserie des amours de Gombaut et de Macée.

Plus, une grande table de bois de noyer, à douze colonnes ou piliers tournés, qui se tire par les deux bouts, et garnie par le dessous de ses six escabelles.

CLÉANTE. — Qu'ai-je affaire, morbleu...?

LA FLÈCHE. — Donnez-vous patience.

Plus, trois gros mousquets tout garnis de nacre de perles, avec les trois fourchettes assortissantes.

Plus, un fourneau de briques, avec deux cornues, et trois récipients, fort utiles à ceux qui sont curieux de distiller.

CLÉANTE. — J'enrage.

LA FLÈCHE. — Doucement.

Plus, un luth de Bologne, garni de toutes ses cordes, ou peu s'en faut.

Plus, un trou-madame, et un damier, avec un jeu de l'oie renouvelé des Grecs, fort propres à passer le temps lorsque l'on n'a que faire.

Plus, une peau de lézard, de trois pieds et demi, remplie de foin, curiosité agréable pour pendre au plancher d'une chambre.

Le tout, ci-dessus mentionné, valant loyalement plus de quatre mille cinq cents livres, et rabaissé à la valeur de mille écus, par la discrétion du prêteur.

CLÉANTE. — Que la peste l'étouffe avec sa discrétion, le traître, le bourreau qu'il est! A-t-on jamais parlé d'une usure semblable? Et n'est-il pas content du furieux intérêt qu'il exige, sans vouloir encore m'obliger à prendre, pour trois mille livres, les vieux rogatons qu'il ramasse? Je n'aurai pas deux cents écus de tout cela; et cependant il faut bien me résoudre à consentir à ce qu'il veut, car il est en état de me faire tout accepter, et il me tient, le scélérat, le poignard sur la gorge.

LA FLÈCHE. — Je vous vois, Monsieur, ne vous en déplaise, dans le grand chemin justement que tenait Panurge pour se ruiner, prenant argent d'avance, achetant cher, vendant à bon marché, et mangeant son blé en herbe.

CLÉANTE. — Que veux-tu que j'y fasse ? Voilà où les jeunes gens sont réduits par la maudite avarice des pères ; et on s'étonne après cela que les fils souhaitent qu'ils meurent.

LA FLÈCHE. — Il faut avouer que le vôtre animerait contre sa vilanie le plus posé homme du monde. Je n'ai pas, Dieu merci, les inclinations fort patibulaires ; et parmi mes confrères que je vois se mêler de beaucoup de petits commerces, je sais tirer adroitement mon épingle du jeu, et me démêler prudemment de toutes les galanteries qui sentent tant soit peu l'échelle ; mais, à vous dire vrai, il me donnerait, par ses procédés, des tentations de le voler ; et je croirais, en le volant, faire une action méritoire.

CLÉANTE. — Donne-moi un peu ce mémoire, que je le voie encore.

SCÈNE II
MAÎTRE SIMON, HARPAGON,
CLÉANTE, LA FLÈCHE

MAÎTRE SIMON. — Oui, Monsieur, c'est un jeune homme qui a besoin d'argent. Ses affaires le pressent d'en trouver, et il en passera par tout ce que vous en prescrirez.

HARPAGON. — Mais croyez-vous, maître Simon, qu'il n'y ait rien à péricliter ? et savez-vous le nom, les biens et la famille de celui pour qui vous parlez ?

MAÎTRE SIMON. — Non, je ne puis pas bien vous en instruire à fond, et ce n'est que par aventure que l'on m'a adressé à lui ; mais vous serez de toutes choses éclairci par lui-même ; et son homme m'a assuré que vous serez content, quand vous le connaîtrez. Tout ce que je saurais vous dire, c'est que sa famille est fort riche, qu'il n'a plus de mère déjà, et qu'il s'obligera, si vous voulez, que son père mourra avant qu'il soit huit mois.

HARPAGON. — C'est quelque chose que cela. La charité, maître Simon, nous oblige à faire plaisir aux personnes, lorsque nous le pouvons.

MAÎTRE SIMON. — Cela s'entend.

LA FLÈCHE. — Que veut dire ceci? Notre maître Simon qui parle à votre père.

CLÉANTE. — Lui aurait-on appris qui je suis? et serais-tu pour nous trahir?

MAÎTRE SIMON. — Ah! ah! vous êtes bien pressés! Qui vous a dit que c'était céans? Ce n'est pas moi, Monsieur, au moins, qui leur ai découvert votre nom et votre logis; mais, à mon avis, il n'y a pas grand mal à cela. Ce sont des personnes discrètes, et vous pouvez ici vous expliquer ensemble.

HARPAGON. — Comment?

MAÎTRE SIMON. — Monsieur est la personne qui veut vous emprunter les quinze mille livres dont je vous ai parlé.

HARPAGON. — Comment, pendard? c'est toi qui t'abandonnes à ces coupables extrémités?

CLÉANTE. — Comment, mon père? c'est vous qui vous portez à ces honteuses actions?

HARPAGON. — C'est toi qui te veux ruiner par des emprunts si condamnables?

CLÉANTE. — C'est vous qui cherchez à vous enrichir par des usures si criminelles?

HARPAGON. — Oses-tu bien, après cela, paraître devant moi!

CLÉANTE. — Osez-vous bien, après cela, vous présenter aux yeux du monde?

HARPAGON. — N'as-tu point honte, dis-moi, d'en venir à ces débauches-là? de te précipiter dans des dépenses effroyables? et de faire une honteuse dissipation du bien que tes parents t'ont amassé avec tant de sueurs?

CLÉANTE. — Ne rougissez-vous point de déshonorer votre condition par les commerces que vous faites? de sacrifier gloire et réputation au désir insatiable d'entasser écu sur écu, et de renchérir, en fait d'intérêts, sur les plus infâmes subtilités qu'aient jamais inventées les plus célèbres usuriers?

HARPAGON. — Ote-toi de mes yeux, coquin! ôte-toi de mes yeux!

CLÉANTE. — Qui est plus criminel, à votre avis, ou

celui qui achète un argent dont il a besoin, ou bien celui qui vole un argent dont il n'a que faire?

HARPAGON. — Retire-toi, te dis-je, et ne m'échauffe pas les oreilles. Je ne suis pas fâché de cette aventure ; et ce m'est un avis de tenir l'œil, plus que jamais, sur toutes tes actions.

SCÈNE III
FROSINE, HARPAGON

FROSINE. — Monsieur...

HARPAGON. — Attendez un moment ; je vais revenir vous parler. Il est à propos que je fasse un petit tour à mon argent.

SCÈNE IV
LA FLÈCHE, FROSINE

LA FLÈCHE. — L'aventure est tout à fait drôle. Il faut bien qu'il ait quelque part un ample magasin de hardes ; car nous n'avons rien reconnu au mémoire que nous avons.

FROSINE. — Hé ! c'est toi, mon pauvre La Flèche ! D'où vient cette rencontre ?

LA FLÈCHE. — Ah ! ah ! c'est toi, Frosine. Que viens-tu faire ici ?

FROSINE. — Ce que je fais partout ailleurs : m'entremettre d'affaires, me rendre serviable aux gens, et profiter du mieux qu'il m'est possible des petits talents que je puis avoir. Tu sais que dans ce monde il faut vivre d'adresse, et qu'aux personnes comme moi le Ciel n'a donné d'autres rentes que l'intrigue et que l'industrie.

LA FLÈCHE. — As-tu quelque négoce avec le patron du logis ?

FROSINE. — Oui, je traite pour lui quelque petite affaire, dont j'espère une récompense.

LA FLÈCHE. — De lui ? Ah ! ma foi, tu seras bien fine si tu en tires quelque chose ; et je te donne avis que l'argent céans est fort cher.

FROSINE. — Il y a de certains services qui touchent merveilleusement.

LA FLÈCHE. — Je suis votre valet, et tu ne connais pas encore le seigneur Harpagon. Le seigneur Harpagon est de tous les humains l'humain le moins humain, le mortel de tous les mortels le plus dur et le plus serré. Il n'est point de service qui pousse sa reconnaissance jusqu'à lui faire ouvrir les mains. De la louange, de l'estime, de la bienveillance en paroles et de l'amitié tant qu'il vous plaira; mais de l'argent, point d'affaires. Il n'est rien de plus sec et de plus aride que ses bonnes grâces et ses caresses; et *donner* est un mot pour qui il a tant d'aversion qu'il ne dit jamais : *Je vous donne*, mais : *Je vous prête le bon jour*.

FROSINE. — Mon Dieu! je sais l'art de traire les hommes, j'ai le secret de m'ouvrir leur tendresse, de chatouiller leurs cœurs, de trouver les endroits par où ils sont sensibles.

LA FLÈCHE. — Bagatelles ici. Je te défie d'attendrir, du côté de l'argent, l'homme dont il est question. Il est Turc là-dessus, mais d'une turquerie à désespérer tout le monde; et l'on pourrait crever qu'il n'en branlerait pas. En un mot, il aime l'argent, plus que réputation, qu'honneur et que vertu; et la vue d'un demandeur lui donne des convulsions. C'est le frapper par son endroit mortel, c'est lui percer le cœur, c'est lui arracher les entrailles; et si... Mais il revient, je me retire.

SCÈNE V
HARPAGON, FROSINE

HARPAGON. — Tout va comme il faut. Hé bien! qu'est-ce, Frosine?

FROSINE. — Ah! mon Dieu! que vous vous portez bien! et que vous avez là un vrai visage de santé!

HARPAGON. — Qui, moi?

FROSINE. — Jamais je ne vous vis un teint si frais et si gaillard.

HARPAGON. — Tout de bon?

FROSINE. — Comment! vous n'avez de votre vie été si jeune que vous êtes; et je vois des gens de vingt-cinq ans qui sont plus vieux que vous.

HARPAGON. — Cependant, Frosine, j'en ai soixante bien comptés.

FROSINE. — Hé bien! qu'est-ce que cela, soixante ans? Voilà bien de quoi! C'est la fleur de l'âge cela, et vous entrez maintenant dans la belle saison de l'homme.

HARPAGON. — Il est vrai; mais vingt années de moins pourtant ne me feraient point de mal, que je crois.

FROSINE. — Vous moquez-vous? Vous n'avez pas besoin de cela, et vous êtes d'une pâte à vivre jusques à cent ans.

HARPAGON. — Tu le crois!

FROSINE. — Assurément. Vous en avez toutes les marques. Tenez-vous un peu. Oh! que voilà bien là, entre vos deux yeux, un signe de longue vie!

HARPAGON. — Tu te connais à cela?

FROSINE. — Sans doute. Montrez-moi votre main. Ah! mon Dieu! quelle ligne de vie!

HARPAGON. — Comment?

FROSINE. — Ne voyez-vous pas jusqu'où va cette ligne-là?

HARPAGON. — Hé bien! qu'est-ce que cela veut dire?

FROSINE. — Par ma foi! je disais cent ans; mais vous passerez les six-vingts.

HARPAGON. — Est-il possible?

FROSINE. — Il faudra vous assommer, vous dis-je; et vous mettrez en terre et vos enfants, et les enfants de vos enfants.

HARPAGON. — Tant mieux. Comment va notre affaire?

FROSINE. — Faut-il le demander? et me voit-on mêler de rien dont je ne vienne à bout? j'ai surtout pour les mariages un talent merveilleux; il n'est point de partis au monde que je ne trouve en peu de temps le moyen d'accoupler; et je crois, si je me l'étais mis en tête, que je marierais le Grand Turc avec la République de Venise. Il n'y avait pas sans doute de si grandes difficultés à cette affaire-ci. Comme j'ai commerce chez elles, je les ai à fond l'une et l'autre entretenues de vous, et j'ai dit à la mère le dessein que vous aviez conçu pour Mariane, à la voir passer dans la rue, et prendre l'air à sa fenêtre.

HARPAGON. — Qui a fait réponse...

FROSINE. — Elle a reçu la proposition avec joie ; et quand je lui ai témoigné que vous souhaitiez fort que sa fille assistât ce soir au courant de mariage qui se doit faire de la vôtre, elle y a consenti sans peine, et me l'a confiée pour cela.

HARPAGON. — C'est que je suis obligé Frosine, de donner à souper au seigneur Anselme ; et je serais bien aise qu'elle soit du régal.

FROSINE. — Vous avez raison. Elle doit après dîner rendre visite à votre fille, d'où elle fait son compte d'aller faire un tour à la foire, pour venir ensuite au souper.

HARPAGON. — Hé bien ! elles iront ensemble dans mon carrosse, que je leur prêterai.

FROSINE. — Voilà justement son affaire.

HARPAGON. — Mais, Frosine, as-tu entretenu la mère touchant le bien qu'elle peut donner à sa fille ? Lui as-tu dit qu'il fallait qu'elle s'aidât un peu, qu'elle fît quelque effort, qu'elle se saignât pour une occasion comme celle-ci ? Car encore n'épouse-t-on point une fille, sans qu'elle apporte quelque chose.

FROSINE. — Comment ? c'est une fille qui vous apportera douze mille livres de rente.

HARPAGON. — Douze mille livres de rente !

FROSINE. — Oui. Premièrement, elle est nourrie et élevée dans une grande épargne de bouche ; c'est une fille accoutumée à vivre de salade, de lait, de fromage et de pommes, et à laquelle par conséquent il ne faudra ni table bien servie, ni consommés exquis, ni orges mondés perpétuels, ni les autres délicatesses qu'il faudrait pour une autre femme ; et cela ne va pas à si peu de chose qu'il ne monte bien, tous les ans, à trois mille francs pour le moins. Outre cela, elle n'est curieuse que d'une propreté fort simple, et n'aime point les superbes habits, ni les riches bijoux, ni les meubles somptueux, où donnent ses pareilles avec tant de chaleur ; et cet article-là vaut plus de quatre mille livres par an. De plus, elle a une aversion horrible pour le jeu, ce qui n'est pas commun aux femmes d'aujourd'hui ; et j'en sais une de nos quartiers qui a perdu, à trente-et-quarante, vingt mille francs cette année. Mais n'en prenons rien que le quart. Cinq mille francs au jeu par an, et quatre mille francs en habits et bijoux, cela fait neuf mille livres ; et mille écus que nous mettons pour la nourriture, ne voilà-t-il pas par année vos douze mille francs bien comptés ?

HARPAGON. — Oui, cela n'est pas mal ; mais ce compte-là n'est rien de réel.

FROSINE. — Pardonnez-moi. N'est-ce pas quelque chose de réel, que de vous apporter en mariage une grande sobriété, l'héritage d'un grand amour de simplicité de parure, et l'acquisition d'un grand fonds de haine pour le jeu ?

HARPAGON. — C'est une raillerie, que de vouloir me constituer son dot de toutes les dépenses qu'elle ne fera point. Je n'irai pas donner quittance de ce que je ne reçois pas ; et il faut bien que je touche quelque chose.

FROSINE. — Mon Dieu ! vous toucherez assez ; et elles m'ont parlé d'un certain pays où elles ont du bien dont vous serez le maître.

HARPAGON. — Il faudra voir cela. Mais, Frosine, il y a encore une chose qui m'inquiète. La fille est jeune, comme tu vois ; et les jeunes gens d'ordinaire n'aiment que leurs semblables, ne cherchent que leur compagnie. J'ai peur qu'un homme de mon âge ne soit pas de son goût ; et que cela ne vienne à produire chez moi certains petits désordres qui ne m'accommoderaient pas.

FROSINE. — Ah ! que vous la connaissez mal ! C'est encore une particularité que j'avais à vous dire. Elle a une aversion épouvantable pour tous les jeunes gens, et n'a de l'amour que pour les vieillards.

HARPAGON. — Elle ?

FROSINE. — Oui, elle. Je voudrais que vous l'eussiez entendue parler là-dessus. Elle ne peut souffrir du tout la vue d'un jeune homme ; mais elle n'est point plus ravie, dit-elle, que lorsqu'elle peut voir un beau vieillard avec une barbe majestueuse. Les plus vieux sont pour elle les plus charmants, et je vous avertis de n'aller pas vous faire plus jeune que vous êtes. Elle veut tout au moins qu'on soit sexagénaire ; et il n'y a pas quatre mois encore qu'étant prête d'être mariée, elle rompit tout net le mariage, sur ce que son amant fit voir qu'il n'avait que cinquante-six ans, et qu'il ne prit point de lunettes pour signer le contrat.

HARPAGON. — Sur cela seulement ?

FROSINE. — Oui. Elle dit que ce n'est pas contentement pour elle que cinquante-six ans ; et surtout, elle est pour les nez qui portent des lunettes.

HARPAGON. — Certes, tu me dis là une chose toute nouvelle.

FROSINE. — Cela va plus loin qu'on ne vous peut dire. On lui voit dans sa chambre quelques tableaux et quelques estampes ; mais que pensez-vous que ce soit ? Des Adonis ? des Céphales ? des Pâris ? et des Apollons ? Non : de beaux portraits de Saturne, du roi Priam, du vieux Nestor, et du bon père Anchise sur les épaules de son fils.

HARPAGON. — Cela est admirable ! Voilà ce que je n'aurai jamais pensé ; et je suis bien aise d'apprendre qu'elle est de cette humeur. En effet, si j'avais été femme, je n'aurais point aimé les jeunes hommes.

FROSINE. — Je le crois bien. Voilà de belles drogues que des jeunes gens, pour les aimer ! Ce sont de beaux morveux, de beaux godelureaux, pour donner envie de leur peau ; et je voudrais bien savoir quel ragoût il y a à eux.

HARPAGON. — Pour moi, je n'y en comprends point ; et je ne sais pas comment il y a des femmes qui les aiment tant.

FROSINE. — Il faut être folle fieffée. Trouver la jeunesse aimable ! est-ce avoir le sens commun ? Sont-ce des hommes que de jeunes blondins ? et peut-on s'attacher à ces animaux-là ?

HARPAGON. — C'est ce que je dis tous les jours : avec leur ton de poule laitée, et leurs trois petits brins de barbe relevés en barbe de chat, leurs perruques d'étoupe, leurs hauts-de-chausses tout tombants, et leurs estomacs débraillés.

FROSINE. — Eh! cela est bien bâti, auprès d'une personne comme vous. Voilà un homme cela. Il y a là de quoi satisfaire à la vue; et c'est ainsi qu'il faut être fait, et vêtu, pour donner de l'amour.

HARPAGON. — Tu me trouves bien?

FROSINE. — Comment? vous êtes à ravir, et votre figure est à peindre. Tournez-vous un peu, s'il vous plaît. Il ne se peut pas mieux. Que je vous voie marcher. Voilà un corps taillé, libre, et dégagé comme il faut, et qui ne marque aucune incommodité.

HARPAGON. — Je n'en ai pas de grandes, Dieu merci. Il n'y a que ma fluxion, qui me prend de temps en temps.

FROSINE. — Cela n'est rien. Votre fluxion ne vous sied point mal, et vous avez grâce à tousser.

HARPAGON. — Dis-moi un peu : Mariane ne m'a-t-elle point encore vu? N'a-t-elle point pris garde à moi en passant?

FROSINE. — Non; mais nous nous sommes fort entretenues de vous. Je lui ai fait un portrait de votre personne; et je n'ai pas manqué de lui vanter votre mérite, et l'avantage que celui serait d'avoir un mari comme vous.

HARPAGON. — Tu as bien fait, et je t'en remercie.

FROSINE. — J'aurais, Monsieur, une petite prière à vous faire. *(Il prend un air sévère.)* J'ai un procès que je suis sur le point de perdre, faute d'un peu d'argent; et vous pourriez facilement me procurer le gain de ce procès, si vous aviez quelque bonté pour moi. *(Il reprend un air gai.)* Vous ne sauriez croire le plaisir qu'elle aura de vous voir. Ah! que vous lui plairez! et que votre fraise à l'antique fera sur son esprit un effet admirable! Mais surtout elle sera charmée de votre haut-de-chausses, attaché au pourpoint avec des aiguillettes; c'est pour la rendre folle de vous; et un amant aiguilleté sera pour elle un ragoût merveilleux.

HARPAGON. — Certes, tu me ravis de me dire cela.

FROSINE. — *(Il reprend son visage sévère.)* En vérité, Monsieur, ce procès m'est d'une conséquence tout à fait grande. Je suis ruinée, si je le perds; et quelque petite assistance me rétablirait mes affaires. *(Il reprend un air gai.)* Je voudrais que vous eussiez vu le ravissement où elle était à m'entendre parler de vous. La joie éclatait dans ses yeux, au récit de vos qualités ; et je l'ai mise enfin dans une impatience extrême de voir ce mariage entièrement conclu.

HARPAGON. — Tu m'as fait un grand plaisir, Frosine ; et je t'en ai, je te l'avoue, toutes les obligations du monde.

FROSINE. — *(Il reprend son air sérieux.)* Je vous prie, Monsieur, de me donner le petit secours que je vous demande. Cela me remettra sur pied, et je vous en serai éternellement obligée.

HARPAGON. — Adieu. Je vais achever mes dépêches.

FROSINE. — Je vous assure, Monsieur, que vous ne sauriez jamais me soulager dans un plus grand besoin.

HARPAGON. — Je mettrai ordre que mon carrosse soit tout prêt pour vous mener à la foire.

FROSINE. — Je ne vous importunerais pas, si je ne m'y voyais forcée par la nécessité.

HARPAGON. — Et j'aurai soin qu'on soupe de bonne heure, pour ne vous point faire malades.

FROSINE. — Ne me refusez pas la grâce dont je vous sollicite. Vous ne sauriez croire, Monsieur, le plaisir que...

HARPAGON. — Je m'en vais. Voilà qu'on m'appelle. Jusqu'à tantôt.

FROSINE. — Que la fièvre te serre, chien de vilain à tous les diables ! Le ladre a été ferme à toutes mes attaques ; mais il ne me faut pas pourtant quitter la négociation ; et j'ai l'autre côté, en tout cas, d'où je suis assurée de tirer bonne récompense.

ACTE III

HARPAGON, CLÉANTE, ÉLISE,
VALÈRE, DAME CLAUDE,
MAÎTRE JACQUES, BRINDAVOINE,
LA MERLUCHE

HARPAGON. — Allons, venez çà tous, que je vous distribue mes ordres pour tantôt et règle à chacun son emploi. Approchez, dame Claude. Commençons par vous. *(Elle tient un balai.)* Bon, vous voilà les armes à la main. Je vous commets au soin de nettoyer partout ; et surtout prenez garde de ne point frotter les meubles trop fort, de peur de les user. Outre cela, je vous constitue, pendant le souper, au gouvernement des bouteilles ; et s'il s'en écarte quelqu'une et qu'il se casse quelque chose, je m'en prendrai à vous, et le rabattrai sur vos gages.

MAÎTRE JACQUES. — Châtiment politique.

HARPAGON. — Allez. Vous, Brindavoine, et vous, la Merluche, je vous établis dans la charge de rincer les verres, et de donner à boire, mais seulement lorsque l'on aura soif, et non pas selon la coutume de certains impertinents de laquais, qui viennent provoquer les gens, et les faire aviser de boire lorsqu'on n'y songe pas. Attendez qu'on vous en demande plus d'une fois, et vous ressouvenez de porter toujours beaucoup d'eau.

MAÎTRE JACQUES. — Oui : le vin pur monte à la tête.

LA MERLUCHE. — Quitterons-nous nos siquenilles, Monsieur ?

HARPAGON. — Oui, quand vous verrez venir les personnes ; et gardez bien de gâter vos habits.

BRINDAVOINE. — Vous savez bien, Monsieur, qu'un des devants de mon pourpoint est couvert d'une grande tache de l'huile de la lampe.

LE MERLUCHE. — Et moi, Monsieur, que j'ai mon haut-de-chausses tout troué par derrière, et qu'on me voit, révérence parler...

HARPAGON. — Paix. Rangez cela adroitement du côté de la muraille, et présentez toujours le devant au monde. *(Harpagon met son chapeau au-devant de son pourpoint, pour montrer à Brindavoine comment il doit faire pour cacher la tache d'huile.)* Et vous, tenez toujours votre chapeau ainsi, lorsque vous servirez. Pour vous, ma fille, vous aurez l'œil sur ce que l'on desservira, et prendrez garde qu'il ne s'en fasse aucun dégât. Cela sied bien aux filles. Mais cependant préparez-vous à bien recevoir ma maîtresse, qui vous doit venir visiter et vous mener avec elle à la foire. Entendez-vous ce que je vous dis ?

ÉLISE. — Oui, mon père.

HARPAGON. — Et vous, mon fils le damoiseau, à qui j'ai la bonté de pardonner l'histoire de tantôt, ne vous allez pas aviser non plus de lui faire mauvais visage.

CLÉANTE. — Moi, mon père, mauvais visage ? Et par quelle raison ?

HARGAGON. — Mon Dieu ! nous savons le train des enfants dont les pères se remarient, et de quel œil ils ont coutume de regarder ce qu'on appelle belle-mère. Mais si vous souhaitez que je perde le souvenir de votre dernière fredaine, je vous recommande surtout de régaler d'un bon visage cette personne-là, et de lui faire enfin tout le meilleur accueil qu'il vous sera possible.

CLÉANTE. — A vous dire le vrai, mon père, je ne puis pas vous promettre d'être bien aise qu'elle devienne ma belle-mère : je mentirais, si je vous le disais; mais pour ce qui est de la bien recevoir, et de lui faire bon visage, je vous promets de vous obéir ponctuellement sur ce chapitre.

HARPAGON. — Prenez-y garde au moins.

CLÉANTE. — Vous verrez que vous n'aurez pas sujet de vous en plaindre.

HARPAGON. — Vous ferez sagement. Valère, aide-moi à ceci. Ho çà, maître Jacques, approchez-vous, je vous ai gardé pour le dernier.

MAÎTRE JACQUES. — Est-ce à votre cocher, Monsieur, ou bien à votre cuisinier, que vous voulez parler? car je suis l'un et l'autre.

HARGAGON. — C'est à tous les deux.

MAÎTRE JACQUES. — Mais à qui des deux le premier?

HARPAGON. — Au cuisinier.

MAÎTRE JACQUES. — Attendez donc, s'il vous plaît.

Il ôte sa casaque de cocher, et paraît vêtu en cuisinier.

HARPAGON. — Quelle diantre de cérémonie est-ce là?

MAÎTRE JACQUES. — Vous n'avez qu'à parler.

HARPAGON. — Je me suis engagé, maître Jacques, à donner ce soir à souper.

MAÎTRE JACQUES. — Grande merveille!

HARPAGON. — Dis-moi un peu, nous feras-tu bonne chère?

MAÎTRE JACQUES. — Oui, si vous me donnez bien de l'argent.

HARPAGON. — Que diable, toujours de l'argent! Il semble qu'ils n'aient autre chose à dire : « De l'argent, de l'argent, de l'argent. » Ah! ils n'ont que ce mot à la bouche : « De l'argent. » Toujours parler d'argent. Voilà leur épée de chevet, de l'argent.

VALÈRE. — Je n'ai jamais vu de réponse plus impertinente que celle-là. Voilà une belle merveille que de faire bonne chère avec bien de l'argent : c'est une chose la plus aisée au monde, et il n'y a si pauvre esprit qui n'en fît bien autant; mais pour agir en habile homme, il faut parler de faire bonne chère avec peu d'argent.

MAÎTRE JACQUES. — Bonne chère avec peu d'argent!

VALÈRE. — Oui.

MAÎTRE JACQUES. — Par ma foi, Monsieur l'intendant, vous nous obligerez de nous faire voir ce secret, et de prendre mon office de cuisinier : aussi bien vous mêlez-vous céans d'être le factoton.

HARPAGON — Taisez-vous. Qu'est-ce qu'il nous faudra?

MAÎTRE JACQUES. — Voilà Monsieur votre intendant, qui vous fera bonne chère pour peu d'argent.

HARPAGON. — Haye! je veux que tu me répondes.

MAÎTRE JACQUES. — Combien serez-vous de gens à table?

HARPAGON — Nous serons huit ou dix; mais il ne faut prendre que pour huit; quand il y a à manger pour huit, il y en a bien pour dix.

VALÈRE. — Cela s'entend.

MAÎTRE JACQUES. — Hé bien! il faudra quatre grands potages, et cinq assiettes. Potages... Entrées...

HARPAGON. — Que diable! voilà pour traiter toute une ville entière.

MAÎTRE JACQUES. — Rôt...

HARPAGON, *en lui mettant la main sur la bouche.* — Ah! traître, tu manges tout mon bien.

MAÎTRE JACQUES. — Entremets...

HARPAGON. — Encore?

VALÈRE. — Est-ce que vous avez envie de faire crever tout le monde? et Monsieur a-t-il invité des gens pour les assassiner à force de mangeaille? Allez-vous-en lire un peu les préceptes de la santé, et demander aux médecins s'il y a rien de plus préjudiciable à l'homme que de manger avec excès.

HARPAGON. — Il a raison.

VALÈRE. — Apprenez, maître Jacques, vous et vos pareils, que c'est un coupe-gorge qu'une table remplie de trop de viandes; que pour se bien montrer ami de ceux que l'on invite, il faut que la frugalité règne dans les repas qu'on donne; et que, suivant le dire d'un ancien, *il faut manger pour vivre, et non pas vivre pour manger*.

HARPAGON. — Ah! que cela est bien dit! Approche, que je t'embrasse pour ce mot. Voilà la plus belle sentence que j'aie entendue de ma vie. *Il faut vivre pour manger, et non pas manger pour vi...* Non, ce n'est pas cela. Comment est-ce que tu dis?

VALÈRE. — Qu'*il faut manger pour vivre, et non pas vivre pour manger*.

HARPAGON. — Oui. Entends-tu? Qui est le grand homme qui a dit cela?

VALÈRE. — Je ne me souviens pas maintenant de son nom.

HARPAGON. — Souviens-toi de m'écrire ces mots : je les veux faire graver en lettres d'or sur la cheminée de ma salle.

VALÈRE. — Je n'y manquerai pas. Et pour votre souper, vous n'avez qu'à me laisser faire : je réglerai tout cela comme il faut.

HARPAGON. — Fais donc.

MAÎTRE JACQUES. — Tant mieux : j'en aurai moins de peine.

HARPAGON. — Il faudra de ces choses dont on ne mange guère, et qui rassasient d'abord : quelque bon haricot bien gras, avec quelque pâté en pot bien garni des marrons.

VALÈRE. — Reposez-vous sur moi.

HARPAGON. — Maintenant, maître Jacques, il faut nettoyer mon carrosse.

MAÎTRE JACQUES. — Attendez. Ceci s'adresse au cocher. *(Il remet sa casaque.)* Vous dites...

HARPAGON. — Qu'il faut nettoyer mon carrosse, et tenir mes chevaux tout prêts pour conduire à la foire...

MAÎTRE JACQUES. — Vos chevaux, Monsieur? Ma foi, ils ne sont point du tout en état de marcher. Je ne vous dirai point qu'ils sont sur la litière, les pauvres bêtes n'en ont point, et ce serait fort mal parler; mais vous leur faites observer des jeunes si austères que ce ne sont plus rien que des idées ou des fantômes, des façons de chevaux.

HARPAGON. — Les voilà bien malades : ils ne font rien.

MAÎTRE JACQUES. — Et pour ne faire rien, Monsieur, est-ce qu'il ne faut rien manger ? Il leur vaudrait bien mieux, les pauvres animaux, de travailler beaucoup, de manger de même. Cela me fend le cœur de les voir ainsi exténués ; car enfin j'ai une tendresse pour mes chevaux, qu'il me semble que c'est moi-même quand je les vois pâtir ; je m'ôte tous les jours pour eux les choses de la bouche ; et c'est être, Monsieur, d'un naturel trop dur que de n'avoir nulle pitié de son prochain.

HARPAGON. — Le travail ne sera pas grand d'aller jusqu'à la foire.

MAÎTRE JACQUES. — Non, Monsieur, je n'ai pas le courage de les mener, et je ferais conscience de leur donner des coups de fouet, en l'état où ils sont. Comment voudriez-vous qu'ils traînassent un carrosse, qu'ils ne peuvent pas se traîner eux-mêmes ?

VALÈRE. — Monsieur, j'obligerai le voisin le Picard à se charger de les conduire ; aussi bien nous fera-t-il ici besoin pour apprêter le souper.

MAÎTRE JACQUES. — Soit : j'aime mieux encore qu'ils meurent sous la main d'un autre que sous la mienne.

VALÈRE. — Maître Jacques fait bien le raisonnable.

MAÎTRE JACQUES. — Monsieur l'intendant fait bien le nécessaire.

HARPAGON. — Paix !

MAÎTRE JACQUES. — Monsieur, je ne saurais souffrir les flatteurs ; et je vois que ce qu'il en fait, que ses contrôles perpétuels sur le pain et le vin, le bois, le sel, et la chandelle, ne sont rien que pour vous gratter et vous faire sa cour. J'enrage de cela, et je suis fâché tous les jours d'entendre ce qu'on dit de vous ; car enfin je me sens pour vous de la tendresse, en dépit que j'en aie ; et après mes chevaux, vous êtes la personne que j'aime le plus.

HARPAGON. — Pourrais-je savoir de vous, maître Jacques, ce que l'on dit de moi ?

MAÎTRE JACQUES. — Oui, Monsieur, si j'étais assuré que cela ne vous fâchât point.

HARPAGON. — Non, en aucune façon.

MAÎTRE JACQUES. — Pardonnez-moi : je sais fort bien
que je vous mettrais en colère.

HARPAGON. — Point du tout : au contraire, c'est me
faire plaisir, et je suis bien aise d'apprendre comme on
parle de moi.

MAÎTRE JACQUES. — Monsieur, puisque vous le voulez, je vous dirai franchement qu'on se moque partout
de vous ; qu'on nous jette de tous côtés cent brocards à
votre sujet ; et que l'on n'est point plus ravi que de vous
tenir au cul et aux chausses, et de faire sans cesse des
contes de votre lésine. L'un dit que vous faites imprimer des almanachs particuliers, où vous faites doubler
les quatre-temps et les vigiles, afin de profiter des
jeûnes où vous obligez votre monde. L'autre, que vous
avez toujours une querelle toute prête à faire à vos
valets dans le temps des étrennes, ou de leur sortie
d'avec vous, pour vous trouver une raison de ne leur
donner rien. Celui-là conte qu'une fois vous fîtes assi-
gner le chat d'un de vos voisins, pour vous avoir
mangé un reste d'un gigot de mouton. Celui-ci, que
l'on vous surprit une nuit, en venant dérober vous-
même l'avoine de vos chevaux ; et que votre cocher qui
était celui d'avant moi, vous donna dans l'obscurité je
ne sais combien de coups de bâton, dont vous ne
voulûtes rien dire. Enfin voulez-vous que je vous dise ?
On ne saurait aller nulle part où l'on ne vous entende
accommoder de toutes pièces ; vous êtes la fable et la
risée de tout le monde ; et jamais on ne parle de vous
que sous les noms d'avare, de ladre, de vilain et de
fesse-mathieu.

HARPAGON, *en le battant.* — Vous êtes un sot, un
maraud, un coquin, et un impudent.

MAÎTRE JACQUES. — Hé bien ! ne l'avais-je pas
deviné ? Vous ne m'avez pas voulu croire : je vous
l'avais bien dit que je vous fâcherais de vous dire la
vérité.

HARPAGON. — Apprenez à parler.

SCÈNE II
MAÎTRE JACQUES, VALÈRE

VALÈRE. — A ce que je puis voir, maître Jacques, on paye mal votre franchise.

MAÎTRE JACQUES. — Morbleu! Monsieur le nouveau venu, qui faites l'homme d'importance, ce n'est pas votre affaire. Riez de vos coups de bâton quand on vous en donnera, et ne venez point rire des miens.

VALÈRE. — Ah! Monsieur maître Jacques, ne vous fâchez pas, je vous prie.

MAÎTRE JACQUES. — Il file deux. Je veux faire le brave et s'il est assez sot pour me craindre, le frotter quelque peu. Savez-vous bien, Monsieur le rieur, que je ne ris pas, moi? et que si vous m'échauffez la tête, je vous ferai d'une autre sorte?

> *Maître Jacques pousse Valère jusques*
> *au bout du théâtre, en le menaçant.*

VALÈRE. — Eh! doucement.

MAÎTRE JACQUES. — Comment, doucement? Il ne me plaît pas, moi.

VALÈRE. — De grâce.

MAÎTRE JACQUES. — Vous êtes un impertinent.

VALÈRE. — Monsieur maître Jacques...

MAÎTRE JACQUES. — Il n'y a point de Monsieur maître Jacques pour un double. Si je prends un bâton, je vous rosserai d'importance.

VALÈRE. — Comment, un bâton?

> *Valère le fait reculer autant qu'il l'a fait.*

MAÎTRE JACQUES. — Eh! je ne parle pas de cela.

VALÈRE. — Savez-vous bien, Monsieur le fat, que je suis homme à vous rosser vous-même?

MAÎTRE JACQUES. — Je n'en doute pas.

VALÈRE. — Que vous n'êtes, pour tout potage, qu'un faquin de cuisinier?

MAÎTRE JACQUES. — Je le sais bien.

VALÈRE. — Et que vous ne me connaissez pas encore.

MAÎTRE JACQUES. — Pardonnez-moi.

VALÈRE. — Vous me rosserez, dites-vous?

MAÎTRE JACQUES. — Je le disais en raillant.

VALÈRE. — Et moi, je ne prends point de goût à votre raillerie. *(Il lui donne des coups de bâton.)* Apprenez que vous êtes un mauvais railleur.

MAÎTRE JACQUES. — Peste soit la sincérité ! c'est un mauvais métier. Désormais j'y renonce, et je ne veux plus dire vrai. Passe encore pour mon maître ; il a quelque droit de me battre ; mais pour ce Monsieur l'intendant, je m'en vengerai si je puis.

SCÈNE III
FROSINE, MARIANE, MAÎTRE JACQUES

FROSINE. — Savez-vous, maître Jacques, si votre maître est au logis ?

MAÎTRE JACQUES. — Oui vraiment il y est, je ne le sais que trop.

FROSINE. — Dites-lui, je vous prie, que nous sommes ici.

SCÈNE IV
MARIANE, FROSINE

MARIANE. — Ah ! que je suis, Frosine, dans un étrange état ! et s'il faut dire ce que je sens, que j'appréhende cette vue !

FROSINE. — Mais pourquoi, et quelle est votre inquiétude ?

MARIANE. — Hélas ! me le demandez-vous ? et ne vous figurez-vous point les alarmes d'une personne toute prête à voir le supplice où l'on veut l'attacher ?

FROSINE. — Je vois bien que, pour mourir agréablement, Harpagon n'est pas le supplice que vous voudriez embrasser ; et je connais à votre mine que le jeune blondin dont vous m'avez parlé vous revient un peu dans l'esprit.

MARIANE. — Oui, c'est une chose, Frosine, dont je ne veux pas me défendre ; et les visites respectueuses qu'il a rendues chez nous ont fait, je vous l'avoue, quelque effet dans mon âme.

FROSINE. — Mais avez-vous su quel il est ?

MARIANE. — Non, je ne sais point quel il est ; mais je saisis qu'il est fait d'un air à se faire aimer ; que si l'on pouvait mettre les choses à mon choix, je le prendrais plutôt qu'un autre ; et qu'il ne contribue pas peu à me faire trouver un tourment effroyable dans l'époux qu'on veut me donner.

FROSINE. — Mon Dieu ! tous ces blondins sont agréables, et débitent fort bien leur fait ; mais la plupart sont gueux comme des rats ; et il vaut mieux pour vous de prendre un vieux mari qui vous donne beaucoup de bien. Je vous avoue que les sens ne trouvent pas si bien leur compte du côté que je dis, et qu'il y a quelques petits dégoûts à essuyer avec un tel époux ; mais cela n'est pas pour durer, et sa mort, croyez-moi, vous mettra bientôt en état d'en prendre un plus aimable, qui réparera toutes choses.

MARIANE. — Mon Dieu ! Frosine, c'est une étrange affaire, lorsque, pour être heureuse, il faut souhaiter ou attendre le trépas de quelqu'un, et la mort ne suit pas tous les projets que nous faisons.

FROSINE. — Vous moquez-vous ? Vous ne l'épousez qu'aux conditions de vous laisser veuve bientôt ; et ce doit être là un des articles du contrat. Il serait bien impertinent de ne pas mourir dans trois mois. Le voici en propre personne.

MARIANE. — Ah ! Frosine, quelle figure !

SCÈNE V
HARPAGON, FROSINE, MARIANE

HARPAGON. — Ne vous offensez pas, ma belle, si je viens à vous avec des lunettes. Je sais que vos appas frappent assez les yeux, sont assez visibles d'eux-mêmes, et qu'il n'est pas besoin de lunettes pour les apercevoir ; mais enfin c'est avec des lunettes qu'on observe les astres ; et je maintiens et je garantis que vous êtes un astre, mais un astre le plus bel astre qui soit dans le pays des astres ; Frosine, elle ne répond mot, et ne témoigne, ce me semble, aucune joie de me voir.

FROSINE. — C'est qu'elle est encore toute surprise ; et

puis les filles ont toujours honte à témoigner d'abord ce qu'elles ont dans l'âme.

HARPAGON. — Tu as raison. Voilà, belle mignonne, ma fille qui vient vous saluer.

SCÈNE VI
ÉLISE, HARPAGON, MARIANE, FROSINE

MARIANE. — Je m'acquitte bien tard, Madame, d'une telle visite.

ÉLISE. — Vous avez fait, Madame, ce que je devais faire, et c'était à moi de vous prévenir.

HARPAGON. — Vous voyez qu'elle est grande; mais mauvaise herbe croît toujours.

MARIANE, *bas à Frosine*. — Oh! l'homme déplaisant!

HARPAGON. — Que dit la belle?

FROSINE. — Qu'elle vous trouve admirable.

HARPAGON. — C'est trop d'honneur que vous me faites, adorable mignonne.

MARIANE, *à part*. — Quel animal!

HARPAGON. — Je vous suis trop obligé de ces sentiments.

MARIANE, *à part*. — Je n'y puis plus tenir.

HARPAGON. — Voici mon fils aussi qui vient vous faire la révérence.

MARIANE, *à part à Frosine*. — Ah! Frosine, quelle rencontre! C'est justement celui dont je t'ai parlé.

FROSINE, *à Mariane*. — L'aventure est merveilleuse.

HARPAGON. — Je vois que vous vous étonnez de me voir de si grands enfants, mais je serai bientôt défait et de l'un et de l'autre.

SCÈNE VII
CLÉANTE, HARPAGON, ÉLISE,
MARIANE, FROSINE

CLÉANTE. — Madame, à vous dire le vrai, c'est ici une aventure où sans doute je ne m'attendais pas; et mon père ne m'a pas peu surpris lorsqu'il m'a dit tantôt le dessein qu'il avait formé.

MARIANE. — Je puis dire la même chose. C'est une

rencontre imprévue qui m'a surprise autant que vous ;
et je n'étais point préparée à une pareille aventure.

CLÉANTE. — Il est vrai que mon père, Madame, ne
peut pas faire un plus beau choix, et que ce m'est une
sensible joie que l'honneur de vous voir ; mais avec
tout cela, je ne vous assurerai point que je me réjouis
du dessein où vous pourriez être de devenir ma belle-
mère. Le compliment, je vous l'avoue, est trop difficile
pour moi ; et c'est un titre, s'il vous plaît, que je ne vous
souhaite point. Ce discours paraîtra brutal aux yeux
de quelques-uns ; mais je suis assuré que vous serez
personne à le prendre comme il faudra ; que c'est un
mariage, Madame, où vous vous imaginez bien que je
dois avoir de la répugnance ; que vous n'ignorez pas,
sachant ce que je suis, comme il choque mes intérêts ;
et que vous voulez bien enfin que je vous dise, avec la
permission de mon père, que si les choses dépendaient
de moi, cet hymen ne se ferait point.

HARPAGON. — Voilà un compliment bien impertinent : quelle belle confession à lui faire !

MARIANE. — Et moi, pour vous répondre, j'ai à vous
dire que les choses sont fort égales ; et que si vous
auriez de la répugnance à me voir votre belle-mère, je
n'en aurais pas moins sans doute à vous voir mon
beau-fils. Ne croyez pas, je vous prie, que ce soit moi
qui cherche à vous donner cette inquiétude. Je serais
fort fâchée de vous causer du déplaisir ; et si je ne m'y
vois forcée par une puissance absolue, je vous donne
ma parole que je ne consentirai point au mariage qui
vous chagrine.

HARPAGON. — Elle a raison ; à sot compliment il faut
une réponse de même. Je vous demande pardon, ma
belle, de l'impertinence de mon fils. C'est un jeune sot,
qui ne sait pas encore la conséquence des paroles qu'il
dit.

MARIANE. — Je vous promets que ce qu'il m'a dit ne
m'a point du tout offensée ; au contraire, il m'a fait
plaisir de m'expliquer ainsi ses véritables sentiments.
J'aime de lui un aveu de la sorte ; et, s'il avait parlé
d'autre façon, je l'en estimerais bien moins.

HARPAGON. — C'est beaucoup de bonté à vous de vouloir ainsi excuser ses fautes. Le temps le rendra plus sage, et vous verrez qu'il changera de sentiments.

CLÉANTE. — Non, mon père, je ne suis point capable d'en changer, et je prie instamment Madame de le croire.

HARPAGON. — Mais voyez quelle extravagance! il continue encore plus fort.

CLÉANTE. — Voulez-vous que je trahisse mon cœur?

HARPAGON. — Encore? Avez-vous envie de changer de discours?

CLÉANTE. — Hé bien! puisque vous voulez que je parle d'autre façon, souffrez, Madame, que je me mette ici à la place de mon père, et que je vous avoue que je n'ai rien vu dans le monde de si charmant que vous; que je ne conçois rien d'égal au bonheur de vous plaire, et que le titre de votre époux est une gloire, une félicité que je préférerais aux destinées des plus grands princes de la terre. Oui, Madame, le bonheur de vous posséder est à mes regards la plus belle de toutes les fortunes; c'est où j'attache toute mon ambition; il n'y a rien que je ne sois capable de faire pour une conquête si précieuse, et les obstacles les plus puissants...

HARPAGON. — Doucement, mon fils, s'il vous plaît.

CLÉANTE. — C'est un compliment que je fais pour vous à Madame.

HARPAGON. — Mon Dieu! j'ai une langue pour m'expliquer moi-même, et je n'ai pas besoin d'un procureur comme vous. Allons, donnez des sièges.

FROSINE. — Non; il vaut mieux que de ce pas nous allions à la foire, afin d'en revenir plus tôt, et d'avoir tout le temps ensuite de vous entretenir.

HARPAGON. — Qu'on mette donc les chevaux au carrosse. Je vous prie de m'excuser, ma belle, si je n'ai pas songé à vous donner un peu de collation avant que de partir.

CLÉANTE. — J'y ai pourvu, mon père, et j'ai fait apporter ici quelques bassins d'oranges de la Chine, de citrons doux et de confitures, que j'ai envoyé quérir de votre part.

HARPAGON, *bas à Valère*. — Valère !

VALÈRE, *à Harpagon*. — Il a perdu le sens.

CLÉANTE. — Est-ce que vous trouvez, mon père, que ce ne soit pas assez ? Madame aura la bonté d'excuser cela, s'il vous plaît.

MARIANE. — C'est une chose qui n'était pas nécessaire.

CLÉANTE. — Avez-vous jamais vu, Madame, un diamant plus vif que celui que vous voyez que mon père a au doigt ?

MARIANE. — Il est vrai qu'il brille beaucoup.

CLÉANTE. *(Il l'ôte du doigt de son père et le donne à Mariane)*. — Il faut que vous le voyiez de près.

MARIANE. — Il est fort beau sans doute, et jette quantité de feux.

CLÉANTE. *(Il se met au-devant de Mariane, qui le veut rendre)*. — Nenni, Madame : il est en de trop belles mains. C'est un présent que mon père vous a fait.

HARPAGON. — Moi ?

CLÉANTE. — N'est-il pas vrai, mon père, que vous voulez que Madame le garde pour l'amour de vous ?

HARPAGON, *à part, à son fils*. — Comment ?

CLÉANTE. — Belle demande ! il me fait signe de vous le faire accepter.

MARIANE. — Je ne veux point...

CLÉANTE. — Vous moquez-vous ? Il n'a garde de le reprendre.

HARPAGON, *à part*. — J'enrage !

MARIANE. — Ce serait...

CLÉANTE, *en empêchant toujours Mariane de rendre la bogue*. — Non, vous dis-je, c'est l'offenser.

MARIANE. — De grâce...

CLÉANTE. — Point du tout.

HARPAGON, *à part*. — Peste soit...

CLÉANTE. — Le voilà qui se scandalise de votre refus.

HARPAGON, *bas, à son fils*. — Ah ! traître !

CLÉANTE. — Vous voyez qu'il se désespère.

HARPAGON, *bas, à son fils, en le menaçant*. — Bourreau que tu es !

CLÉANTE. — Mon père, ce n'est pas ma faute. Je fais

ce que je puis pour l'obliger à la garder; mais elle est obstinée.

HARPAGON, *bas, à son fils, avec emportement*. — Pendard!

CLÉANTE. — Vous êtes cause, Madame, que mon père me querelle.

HARPAGON, *bas, à son fils, avec les mêmes grimaces*. — Le coquin!

CLÉANTE. — Vous le ferez tomber malade. De grâce, Madame, ne résistez point davantage.

FROSINE. — Mon Dieu! que de façons! Gardez la bague, puisque Monsieur le veut.

MARIANE. — Pour ne vous point mettre en colère, je la garde maintenant; et je prendrai un autre temps pour vous la rendre.

SCÈNE VIII
HARPAGON, MARIANE, FROSINE,
CLÉANTE, BRINDAVOINE, ÉLISE

BRINDAVOINE. — Monsieur, il y a là un homme qui veut vous parler.

HARPAGON. — Dis-lui que je suis empêché, et qu'il revienne une autre fois.

BRINDAVOINE. — Il dit qu'il vous apporte de l'argent.

HARPAGON. — Je vous demande pardon. Je reviens tout à l'heure.

SCÈNE IX
HARPAGON, MARIANE, CLÉANTE,
ÉLISE, FROSINE, LA MERLUCHE

LA MERLUCHE. *(Il vient en courant, et fait tomber Harpagon)*. — Monsieur...

HARPAGON. — Ah! je suis mort.

CLÉANTE. — Qu'est-ce, mon père? vous êtes-vous fait mal?

HARPAGON. — Le traître assurément a reçu de l'argent de mes débiteurs, pour me faire rompre le cou.

VALÈRE. — Cela ne sera rien.

LA MERLUCHE. — Monsieur, je vous demande pardon, je croyais bien faire d'accourir vite.

HARPAGON. — Que viens-tu faire ici, bourreau ?

LA MERLUCHE. — Vous dire que vos deux chevaux sont déferrés.

HARPAGON. — Qu'on les mène promptement chez le maréchal.

CLÉANTE. — En attendant qu'ils soient ferrés, je vais faire pour vous, mon père, les honneurs de votre logis, et conduire Madame dans le jardin, où je ferai porter la collation.

HARPAGON. — Valère, aie un peu l'œil à tout cela ; et prends soin, je te prie, de m'en sauver le plus que tu pourras, pour le renvoyer au marchand.

VALÈRE. — C'est assez.

HARPAGON. — O fils impertinent, as-tu envie de me ruiner ?

ACTE IV

SCÈNE I
CLÉANTE, MARIANE, ÉLISE, FROSINE

CLÉANTE. — Rentrons ici, nous serons beaucoup mieux. Il n'y a plus autour de nous personne de suspect, et nous pouvons parler librement.

ÉLISE. — Oui, Madame, mon frère m'a fait confidence de la passion qu'il a pour vous. Je sais les chagrins et les déplaisirs que sont capables de causer de pareilles traverses ; et c'est, je vous assure, avec une tendresse extrême que je m'intéresse à votre aventure.

MARIANE. — C'est une douce consolation que de voir dans ses intérêts une personne comme vous ; et je vous conjure, Madame, de me garder toujours cette généreuse amitié, si capable de m'adoucir les cruautés de la fortune.

FROSINE. — Vous êtes, par ma foi ! de malheureuses gens l'un et l'autre, de ne m'avoir point, avant tout ceci, avertie de votre affaire. Je vous aurais sans doute détourné cette inquiétude, et n'aurais point amené les choses où l'on voit qu'elles sont.

CLÉANTE. — Que veux-tu ? C'est ma mauvaise destinée qui l'a voulu ainsi. Mais, belle Mariane, quelles résolutions sont les vôtres ?

MARIANE. — Hélas! suis-je en pouvoir de faire des résolutions? Et dans la dépendance où je me vois, puis-je former que des souhaits?

CLÉANTE. — Point d'autre appui pour moi dans votre cœur que de simples souhaits? point de pitié officieuse? point de secourable bonté? point d'affection agissante?

MARIANE. — Que saurais-je vous dire? Mettez-vous en ma place, et voyez ce que je puis faire. Avisez, ordonnez vous-même : je m'en remets à vous, et je vous crois trop raisonnable pour vouloir exiger de moi que ce qui peut m'être permis par l'honneur et la bienséance.

CLÉANTE. — Hélas! où me réduisez-vous, que de me renvoyer à ce que voudront me permettre les fâcheux sentiments d'un rigoureux honneur et d'une scrupuleuse bienséance.

MARIANE. — Mais que voulez-vous que je fasse? Quand je pourrais passer sur quantité d'égards où notre sexe est obligé, j'ai de la considération pour ma mère. Elle m'a toujours élevée avec une tendresse extrême, et je ne saurais me résoudre à lui donner du déplaisir. Faites, agissez auprès d'elle, employez tous vos soins à gagner son esprit : vous pouvez faire et dire tout ce que vous voudrez, je vous en donne la licence, et s'il ne tient qu'à me déclarer en votre faveur, je veux bien consentir à lui faire un aveu moi-même de tout ce que je sens pour vous.

CLÉANTE. — Frosine, ma pauvre Frosine, voudrais-tu nous servir?

FROSINE. — Par ma foi! faut-il demander? je le voudrais de tout mon cœur. Vous savez que de mon naturel je suis assez humaine; le Ciel ne m'a point fait l'âme de bronze, et je n'ai que trop de tendresse à rendre de petits services, quand je vois des gens qui s'entre-aiment en tout bien et en tout honneur. Que pourrions-nous faire à ceci?

CLÉANTE. — Songe un peu, je te prie.

MARIANE. — Ouvre-nous des lumières.

ÉLISE. — Trouve quelque invention pour rompre ce que tu as fait.

FROSINE. — Ceci est assez difficile. Pour votre mère, elle n'est pas tout à fait déraisonnable, et peut-être pourrait-on la gagner, et la résoudre à transporter au fils le don qu'elle veut faire au père. Mais le mal que j'y trouve, c'est que votre père est votre père.

CLÉANTE. — Cela s'entend.

FROSINE. — Je veux dire qu'il conservera du dépit, si l'on montre qu'on le refuse ; et qu'il ne sera point d'humeur ensuite à donner son consentement à votre mariage. Il faudrait, pour bien faire, que le refus vint de lui-même, et tâcher par quelque moyen de le dégoûter de votre personne.

CLÉANTE. — Tu as raison.

FROSINE. — Oui, j'ai raison, je le sais bien. C'est là ce qu'il faudrait ; mais le diantre est d'en pouvoir trouver les moyens. Attendez : si nous avions quelque femme un peu sur l'âge, qui fût de mon talent, et jouât assez bien pour contrefaire une dame de qualité, par le moyen d'un train fait à la hâte, et d'un bizarre nom de marquise, ou de vicomtesse, que nous supposerions de la basse Bretagne, j'aurais assez d'adresse pour faire accroire à votre père que ce serait une personne riche, outre ses maisons, de cent mille écus en argent comptant ; qu'elle serait éperdument amoureuse de lui, et souhaiterait de se voir sa femme, jusqu'à lui donner tout son bien par contrat de mariage ; et je ne doute point qu'il ne prêtât l'oreille à la proposition ; car enfin il vous aime fort, je le sais ; mais il aime un peu plus l'argent ; et quand, ébloui de ce leurre, il aurait une fois consenti à ce qui vous touche, il importerait peu ensuite qu'il se désabusât, en venant à vouloir voir clair aux effets de notre marquise.

CLÉANTE. — Tout cela est fort bien pensé.

FROSINE. — Laissez-moi faire. Je viens de me ressouvenir d'une de mes amies, qui sera notre fait.

CLÉANTE. — Sois assurée, Frosine, de ma reconnaissance, si tu viens à bout de la chose. Mais, charmante Mariane, commençons, je vous prie, par gagner votre mère ; c'est toujours beaucoup faire que de rompre ce mariage. Faites-y de votre part, je vous en conjure,

tous les efforts qu'il vous sera possible; servez-vous de
tout le pouvoir que vous donne sur elle cette amitié
qu'elle a pour vous; déployez sans réserve les grâces
éloquentes, les charmes tout-puissants que le Ciel a
placés dans vos yeux et dans votre bouche; et
n'oubliez rien, s'il vous plaît, de ces tendres paroles, et
de ces douces prières, et de ces caresses touchantes à
qui je suis persuadé qu'on ne saurait rien refuser.

MARIANE. — J'y ferai tout ce que je puis, et n'oublie-
rai aucune chose.

SCÈNE II
HARPAGON, CLÉANTE, MARIANE,
ÉLISE, FROSINE

HARPAGON. — Ouais! mon fils baise la main de sa
prétendue belle-mère, et sa prétendue belle-mère ne
s'en défend pas fort. Y aurait-il quelque mystère là-
dessous?

ÉLISE. — Voilà mon père.

HARPAGON. — Le carrosse est tout prêt. Vous pouvez
partir quand il vous plaira.

CLÉANTE. — Puisque vous n'y allez pas, mon père, je
m'en vais les conduire.

HARPAGON. — Non, demeurez. Elles iront bien toutes
seules; et j'ai besoin de vous.

SCÈNE III
HARPAGON, CLÉANTE

HARPAGON. — O çà, intérêt de belle-mère à part, que
te semble à toi de cette personne?

CLÉANTE. — Ce qui m'en semble?

HARPAGON. — Oui, de son air, de sa taille, de sa
beauté, de son esprit?

CLÉANTE. — La, la.

HARPAGON. — Mais encore?

CLÉANTE. — A vous en parler franchement, je ne l'ai
pas trouvée ici ce que je l'avais crue. Son air est de
franche coquette; sa taille est assez gauche, sa beauté
très médiocre, et son esprit des plus communs. Ne

croyez pas que ce soit, mon père, pour vous en dégoûter; car belle-mère, pour belle-mère, j'aime autant
celle-là qu'une autre.

HARPAGON. — Tu lui disais tantôt pourtant...

CLÉANTE. — Je lui ai dit quelques douceurs en votre
nom, mais c'était pour vous plaire.

HARPAGON. — Si bien donc que tu n'aurais pas
d'inclination pour elle?

CLÉANTE. — Moi? point du tout.

HARPAGON. — J'en suis fâché; car cela rompt une
pensée qui m'était venue dans l'esprit. J'ai fait, en la
voyant ici, réflexion sur mon âge; et j'ai songé qu'on
pourra trouver à redire de me voir marier à une si
jeune personne. Cette considération m'en faisait quitter le dessein; et comme je l'ai fait demander, et que je
suis pour elle engagé de parole, je te l'aurais donnée,
sans l'aversion que tu témoignes.

CLÉANTE. — A moi?

HARPAGON. — A toi.

CLÉANTE. — En mariage?

HARPAGON. — En mariage.

CLÉANTE. — Écoutez: il est vrai qu'elle n'est pas fort
à mon goût; mais pour vous faire plaisir, mon père, je
me résoudrai à l'épouser, si vous voulez.

HARPAGON. — Moi? Je suis plus raisonnable que tu
ne penses: je ne veux point forcer ton inclination.

CLÉANTE. — Pardonnez-moi, je me ferai cet effort
pour l'amour de vous.

HARPAGON. — Non, non; un mariage ne saurait être
heureux où l'inclination n'est pas.

CLÉANTE. — C'est une chose, mon père, qui peut-être
viendra ensuite; et l'on dit que l'amour est souvent un
fruit du mariage.

HARPAGON. — Non: du côté de l'homme, on ne doit
point risquer l'affaire, et ce sont des suites fâcheuses,
où je n'ai garde de me commettre. Si tu avais senti
quelque inclination pour elle, à la bonne heure: je te
l'aurais fait épouser, au lieu de moi; mais cela n'étant
pas, je suivrai mon premier dessein, et je l'épouserai
moi-même.

CLÉANTE. — Hé bien! mon père, puisque les choses sont ainsi, il faut vous découvrir mon cœur, il faut vous révéler notre secret. La vérité est que je l'aime, depuis un jour que je la vis dans une promenade; que mon dessein était tantôt de vous la demander pour femme; et que rien ne m'a retenu que la déclaration de vos sentiments, et la crainte de vous déplaire.

HARPAGON. — Lui avez-vous rendu visite?

CLÉANTE. — Oui, mon père.

HARPAGON. — Beaucoup de fois?

CLÉANTE. — Assez, pour le temps qu'il y a.

HARPAGON. — Vous a-t-on bien reçu?

CLÉANTE. — Fort bien, mais sans savoir qui j'étais; et c'est ce qui a fait tantôt la surprise de Mariane.

HARPAGON. — Lui avez-vous déclaré votre passion, et le dessein où vous étiez de l'épouser?

CLÉANTE. — Sans doute; et même j'en avais fait à sa mère quelque peu d'ouverture.

HARPAGON. — A-t-elle écouté, pour sa fille, votre proposition?

CLÉANTE. — Oui, fort civilement.

HARPAGON. — Et la fille correspond-elle fort à votre amour?

CLÉANTE. — Si j'en dois croire les apparences, je me persuade, mon père, qu'elle a quelque bonté pour moi.

HARPAGON. — Je suis bien aise d'avoir appris un tel secret; et voilà justement ce que je demandais. Oh sus! mon fils, savez-vous ce qu'il y a? c'est qu'il faut songer, s'il vous plaît, à vous défaire de votre amour; à cesser toutes vos poursuites auprès d'une personne que je prétends pour moi; et à vous marier dans peu avec celle qu'on vous destine.

CLÉANTE. — Oui, mon père, c'est ainsi que vous me jouez! Hé bien! puisque les choses en sont venues là, je vous déclare, moi, que je ne quitterai point la passion que j'ai pour Mariane, qu'il n'y a point d'extrémité où je ne m'abandonne pour vous disputer sa conquête, et que si vous avez pour vous le consentement d'une mère, j'aurai d'autres secours peut-être qui combattront pour moi.

HARPAGON. — Comment, pendard? tu as l'audace d'aller sur mes brisées?

CLÉANTE. — C'est vous qui allez sur les miennes; et je suis le premier en date.

HARPAGON. — Ne suis-je pas ton père? et ne me dois-tu pas respect!

CLÉANTE. — Ce ne sont point ici des choses où les enfants soient obligés de déférer aux pères; et l'amour ne connaît personne.

HARPAGON. — Je te ferai bien me connaître, avec de bons coups de bâton.

CLÉANTE. — Toutes vos menaces ne font rien.

HARPAGON. — Tu renonceras à Mariane.

CLÉANTE. — Point du tout.

HARPAGON. — Donnez-moi un bâton tout à l'heure.

SCÈNE IV
MAÎTRE JACQUES, HARPAGON,
CLÉANTE

MAÎTRE JACQUES. — Eh! eh! eh! Messieurs, qu'est-ce ci? à quoi songez-vous?

CLÉANTE. — Je me moque de cela.

MAÎTRE JACQUES. — Ah! Monsieur, doucement.

HARPAGON. — Me parler avec cette impudence!

MAÎTRE JACQUES. — Ah! Monsieur, de grâce.

CLÉANTE. — Je n'en démordrai point.

MAÎTRE JACQUES. — Hé quoi? à votre père?

HARPAGON. — Laisse-moi faire.

MAÎTRE JACQUES. — Hé quoi? à votre fils? Encore passe pour moi.

HARPAGON. — Je te veux faire toi-même, maître Jacques, juge de cette affaire, pour montrer comme j'ai raison.

MAÎTRE JACQUES. — J'y consens. Éloignez-vous un peu.

HARPAGON. — J'aime une fille, que je veux épouser; et le pendard a l'insolence de l'aimer avec moi, et d'y prétendre malgré mes ordres.

MAÎTRE JACQUES. — Ah! il a tout.

HARPAGON. — N'est-ce pas une chose épouvantable,

qu'un fils qui veut entrer en concurrence avec son
père? et ne doit-il pas, par respect, s'abstenir de toucher à mes inclinations?

MAÎTRE JACQUES. — Vous avez raison. Laissez-moi
lui parler, et demeurez là.

> *Il vient trouver Cléante à l'autre bout du*
> *théâtre.*

CLÉANTE. — Hé bien! oui, puisqu'il veut te choisir
pour juge, je n'y recule point; il ne m'importe qui ce
soit; et je veux bien aussi me rapporter à toi, maître
Jacques, de notre différend.

MAÎTRE JACQUES. — C'est beaucoup d'honneur que
vous me faites.

CLÉANTE. — Je suis épris d'une jeune personne qui
répond à mes vœux, et reçoit tendrement les offres de
ma foi; et mon père s'avise de venir troubler notre
amour par la demande qu'il en fait faire.

MAÎTRE JACQUES. — Il a tort assurément.

CLÉANTE. — N'a-t-il point de honte, à son âge, de
songer à se marier? lui sied-il bien d'être encore
amoureux? et ne devrait-il pas laisser cette occupation
aux jeunes gens?

MAÎTRE JACQUES. — Vous avez raison, il se moque.
Laissez-moi lui dire deux mots. (*Il revient à Harpagon.*)
Hé bien! votre fils n'est pas si étrange que vous le dites,
et il se met à la raison. Il dit qu'il sait le respect qu'il
vous doit, qu'il ne s'est emporté que dans la première
chaleur, et qu'il ne fera point refus de se soumettre à ce
qu'il vous plaira, pourvu que vous vouliez le traiter
mieux que vous ne faites, et lui donner quelque personne en mariage dont il ait lieu d'être content.

HARPAGON. — Ah! dis-lui, maître Jacques, que
moyennant cela, il pourra espérer toutes choses de
moi; et que, hors Mariane, je lui laisse la liberté de
choisir celle qu'il voudra.

MAÎTRE JACQUES. *Il va au fils.* — Laissez-moi faire. Hé
bien! votre père n'est pas si déraisonnable que vous le
faites; et il m'a témoigné que ce sont vos emporte-
ments qui l'ont mis en colère; qu'il n'en veut seulement qu'à votre manière d'agir, et qu'il sera fort

disposé à vous accorder ce que vous souhaitez, pourvu que vous vouliez vous y prendre par la douceur, et lui rendre les déférences, les respects, et les soumissions qu'un fils doit à son père.

CLÉANTE. — Ah! maître Jacques, tu peux lui assurer que, s'il m'accorde Mariane, il me verra toujours le plus soumis de tous les hommes; et que jamais je ne ferai aucune chose que par ses volontés.

MAÎTRE JACQUES. — Cela est fait. Il consent à ce que vous dites.

HARPAGON. — Voilà qui va le mieux du monde.

MAÎTRE JACQUES. — Tout est conclu. Il est content de vos promesses.

CLÉANTE. — Le Ciel en soit loué!

MAÎTRE JACQUES. — Messieurs, vous n'avez qu'à parler ensemble : vous voilà d'accord maintenant; et vous alliez vous quereller, faute de vous entendre.

CLÉANTE. — Mon pauvre maître Jacques, je te serai obligé toute ma vie.

MAÎTRE JACQUES. — Il n'y a pas de quoi, Monsieur.

HARPAGON. — Tu m'as fait plaisir, maître Jacques, et cela mérite une récompense. Va, je m'en souviendrai, je t'assure.

Il tire son mouchoir de sa poche, ce qui fait croire à maître Jacques qu'il va lui donner quelque chose.

MAÎTRE JACQUES. — Je vous baise les mains.

SCÈNE V
CLÉANTE, HARPAGON

CLÉANTE. — Je vous demande pardon, mon père, de l'emportement que j'ai fait paraître.

HARPAGON. — Cela n'est rien.

CLÉANTE. — Je vous assure que j'en ai tous les regrets du monde.

HARPAGON. — Et moi, j'ai toutes les joies du monde de te voir raisonnable.

CLÉANTE. — Quelle bonté à vous d'oublier si vite ma faute!

HARPAGON. — On oublie aisément les fautes des enfants, lorsqu'ils rentrent dans leur devoir.

CLÉANTE. — Quoi ? ne garder aucun ressentiment de toutes mes extravagances ?

HARPAGON. — C'est une chose où tu m'obliges par la soumission et le respect où tu te ranges.

CLÉANTE. — Je vous promets, mon père, que, jusques au tombeau, je conserverai dans mon cœur le souvenir de vos bontés.

HARPAGON. — Et moi, je te promets qu'il n'y aura aucune chose que de moi tu n'obtiennes.

CLÉANTE. — Ah ! mon père, je ne vous demande plus rien ; et c'est m'avoir assez donné que de me donner Mariane.

HARPAGON. — Comment ?

CLÉANTE. — Je dis, mon père, que je suis trop content de vous, et que je trouve toutes choses dans la bonté que vous avez de m'accorder Mariane.

HARPAGON. — Qui est-ce qui parle de t'accorder Mariane ?

CLÉANTE. — Vous, mon père.

HARPAGON. — Moi !

CLÉANTE. — Sans doute.

HARPAGON. — Comment ? C'est toi qui as promis d'y renoncer.

CLÉANTE. — Moi, y renoncer ?

HARPAGON. — Oui.

CLÉANTE. — Point du tout.

HARPAGON. — Tu ne t'es pas départi d'y prétendre ?

CLÉANTE. — Au contraire, j'y suis porté plus que jamais.

HARPAGON. — Quoi ? pendard, derechef ?

CLÉANTE. — Rien ne me peut changer.

HARPAGON. — Laisse-moi faire, traître.

CLÉANTE. — Faites tout ce qu'il vous plaira.

HARPAGON. — Je te défends de me jamais voir.

CLÉANTE. — A la bonne heure.

HARPAGON. — Je t'abandonne.

CLÉANTE. — Abandonnez.

HARPAGON. — Je te renonce pour mon fils

CLÉANTE. — Soit.

HARPAGON. — Je te déshérite.

CLÉANTE. — Tout ce que vous voudrez.

HARPAGON. — Et je te donne ma malédiction.

CLÉANTE. — Je n'ai que faire de vos dons.

SCÈNE VI
LA FLÈCHE, CLÉANTE

LA FLÈCHE, *sortant du jardin, avec une cassette*. — Ah! Monsieur, que je vous trouve à propos! suivez-moi vite.

CLÉANTE. — Qu'y a-t-il?

LA FLÈCHE. — Suivez-moi, vous dis-je : nous sommes bien.

CLÉANTE. — Comment?

LA FLÈCHE. — Voici votre affaire.

CLÉANTE. — Quoi?

LA FLÈCHE. — J'ai guigné ceci tout le jour.

CLÉANTE. — Quest-ce que c'est?

LA FLÈCHE. — Le trésor de votre père, que j'ai attrapé.

CLÉANTE. — Comment as-tu fait?

LA FLÈCHE. — Vous saurez tout. Sauvons-nous, je l'entends crier.

SCÈNE VII
HARPAGON

Il crie au voleur dès le jardin, et vient sans chapeau.

Au voleur! au voleur! à l'assassin! au meutrier! Justice, juste Ciel! je suis perdu, je suis assassiné, on m'a coupé la gorge, on m'a dérobé mon argent. Qui peut-ce être? Qu'est-il devenu? Où est-il? Où se cache-t-il? Que ferai-je pour le trouver? Où courir? Où ne pas courir? N'est-il point là? N'est-il point ici? Qui est-ce? Arrête. Rends-moi mon argent, coquin... (*Il se prend lui-même par le bras.*) Ah! c'est moi. Mon esprit est troublé, et j'ignore où je suis, qui je suis, et ce que je fais. Hélas! mon pauvre argent, mon pauvre argent, mon cher ami! on m'a privé de toi; et puisque tu m'es enlevé, j'ai perdu mon support, ma consolation, ma joie ; tout est fini pour moi, et je n'ai plus que faire au monde : sans toi, il m'est impossible de vivre. C'en est fait, je n'en puis plus ; je me meurs, je suis mort, je suis enterré. N'y a-t-il personne qui veuille me ressusciter, en me rendant mon cher argent, ou en m'apprenant qui l'a pris ? Euh ? que dites-vous ? Ce n'est personne. Il faut, qui que ce soit qui ait fait le coup, qu'avec beaucoup de soin on ait épié l'heure ; et l'on a choisi justement le temps que je parlais à mon traître de fils. Sortons. Je veux aller quérir la justice, et faire donner la question à toute la maison : à servantes, à valets, à fils, à fille, et à moi aussi. Que de gens assemblés ! Je ne jette mes regards sur personne qui ne me donne des soupçons, et tout me semble mon voleur. Eh ! de quoi est-ce qu'on parle là ? De celui qui m'a dérobé ? Quel bruit fait-on là-haut ? Est-ce mon voleur qui y est ? De grâce, si l'on sait des nouvelles de mon voleur, je supplie que l'on m'en dise. N'est-il point caché là parmi vous ? Ils me regardent tous, et se mettent à rire. Vous verrez qu'ils ont part sans doute au vol que l'on m'a fait. Allons vite, des commissaires, des archers, des prévôts, des juges, des gênes, des potences et des bourreaux. Je veux faire pendre tout le monde ; et si je ne retrouve mon argent, je me pendrai moi-même après.

ACTE V

SCÈNE I
HARPAGON, LE COMMISSAIRE,
SON CLERC

LE COMMISSAIRE. — Laissez-moi faire : je sais mon métier, Dieu merci. Ce n'est pas d'aujourd'hui que je me mêle de découvrir des vols ; et je voudrais avoir autant de sacs de mille francs que j'ai fait pendre de personnes.

HARPAGON. — Tous les magistrats sont intéressés à prendre cette affaire en main ; et si l'on ne me fait retrouver mon argent, je demanderai justice de la justice.

LE COMMISSAIRE. — Il faut faire toutes les poursuites requises. Vous dites qu'il y avait dans cette cassette... ?

HARPAGON. — Dix mille écus bien comptés.

LE COMMISSAIRE. — Dix mille écus !

HARPAGON. — Dix mille écus.

LE COMMISSAIRE. — Le vol est considérable.

HARPAGON. — Il n'y a point de supplice assez grand pour l'énormité de ce crime ; et s'il demeure impuni, les choses les plus sacrées ne sont plus en sûreté.

LE COMMISSAIRE. — En quelles espèces était cette somme ?

Harpagon. — En bons louis d'or et pistoles bien trébuchantes.

Le Commissaire. — Qui soupçonnez-vous de ce vol?

Harpagon. — Tout le monde; et je veux que vous arrêtiez prisonniers la ville et les faubourgs.

Le Commissaire. — Il faut, si vous m'en croyez, n'effaroucher personne, et tâcher doucement d'attraper quelques preuves, afin de procéder après par la rigueur au recouvrement des deniers qui vous ont été pris.

SCÈNE II

MAÎTRE JACQUES, HARPAGON,
LE COMMISSAIRE, SON CLERC

Maître Jacques, *au bout du théâtre, en se retournant du côté dont il sort.* — Je m'en vais revenir. Qu'on me l'égorge tout à l'heure; qu'on me lui fasse griller les pieds, qu'on me le mette dans l'eau bouillante, et qu'on me le pende au plancher.

Harpagon. — Qui? celui qui m'a dérobé?

Maître Jacques. — Je parle d'un cochon de lait que votre intendant me vient d'envoyer, et je veux vous l'accommoder à ma fantaisie.

Harpagon. — Il n'est pas question de cela; et voilà Monsieur, à qui il faut parler d'autre chose.

Le Commissaire. — Ne vous épouvantez point. Je suis homme à ne vous point scandaliser, et les choses iront dans la douceur.

Maître Jacques. — Monsieur est de votre souper?

Le Commissaire. — Il faut ici, mon cher ami, ne rien cacher à votre maître.

Maître Jacques. — Ma foi! Monsieur, je montrerai tout ce que je sais faire, et je vous traiterai du mieux qu'il me sera possible.

Harpagon. — Ce n'est pas là l'affaire.

Maître Jacques. — Si je ne vous fais pas aussi bonne chère que je voudrais, c'est la faute de Monsieur notre intendant, qui m'a rogné les ailes avec les ciseaux de son économie.

Harpagon. — Traître, il s'agit d'autre chose que de souper; et je veux que tu me dises des nouvelles de l'argent qu'on m'a pris.

MAÎTRE JACQUES. — On vous a pris de l'argent?

HARPAGON. — Oui, coquin; et je m'en vais te pendre, si tu ne me le rends.

LE COMMISSAIRE. — Mon Dieu! ne le maltraitez point. Je vois à sa mine qu'il est honnête homme, et que sans se faire mettre en prison, il vous découvrira ce que vous voulez savoir. Oui, mon ami, si vous nous confessez la chose, il ne vous sera fait aucun mal, et vous serez récompensé comme il faut par votre maître. On lui a pris aujourd'hui son argent, et il n'est pas que vous ne sachiez quelques nouvelles de cette affaire.

MAÎTRE JACQUES, *à part*. — Voici justement ce qu'il me faut pour me venger de notre intendant : depuis qu'il est entré céans, il est le favori, on n'écoute que ses conseils, et j'ai aussi sur le cœur les coups de bâton de tantôt.

HARPAGON. — Qu'as-tu à ruminer?

LE COMMISSAIRE. — Laissez-le faire : il se prépare à vous contenter, et je vous ai bien dit qu'il était honnête homme.

MAÎTRE JACQUES. — Monsieur, si vous voulez que je vous dise les choses, je crois que c'est Monsieur votre cher intendant qui a fait le coup.

HARPAGON. — Valère!

MAÎTRE JACQUES. — Oui.

HARPAGON. — Lui, qui me paraît si fidèle?

MAÎTRE JACQUES. — Lui-même. Je crois que c'est lui qui vous a dérobé.

HARPAGON. — Et sur quoi le crois-tu?

MAÎTRE JACQUES. — Sur quoi?

HARPAGON. — Oui.

MAÎTRE JACQUES. — Je le crois... sur ce que je le crois.

LE COMMISSAIRE. — Mais il est nécessaire de dire les indices que vous avez.

HARPAGON. — L'as-tu vu rôder autour du lieu où j'avais mis mon argent?

MAÎTRE JACQUES. — Oui, vraiment. Où était-il votre argent?

HARPAGON. — Dans le jardin.

MAÎTRE JACQUES. — Justement : je l'ai vu rôder dans le jardin. Et dans quoi est-ce que cet argent était ?

Harpagon. — Dans une cassette.

Maître Jacques. — Voilà l'affaire : je lui ai vu une cassette.

Harpagon. — Et cette cassette, comment est-elle faite ? Je verrai bien si c'est la mienne.

Maître Jacques. — Comment elle est faite ?

Harpagon. — Oui.

Maître Jacques. — Elle est faite... elle est faite... elle est faite comme une cassette.

Le Commissaire. — Cela s'entend. Mais dépeignez-la un peu, pour voir.

Maître Jacques. — C'est une grande cassette.

Harpagon. — Celle qu'on m'a volée est petite.

Maître Jacques. — Eh ! oui, elle est petite, si on le veut prendre par là ; mais je l'appelle grande pour ce qu'elle contient.

Le Commissaire. — Et de quelle couleur est-elle ?

Maître Jacques. — De quelle couleur ?

Le Commissaire. — Oui.

Maître Jacques. — Elle est de couleur... là, d'une certaine couleur... Ne sauriez-vous m'aider à dire ?

Harpagon. — Euh ?

Maître Jacques. — N'est-elle pas rouge ?

Harpagon. — Non, grise.

Maître Jacques. — Eh ! oui, gris-rouge : c'est ce que je voulais dire.

Harpagon. — Il n'y a point de doute : c'est elle assurément. Écrivez, Monsieur, écrivez sa déposition. Ciel ! à qui désormais se fier ? Il ne faut jamais jurer de rien ; et je crois après cela que je suis homme à me voler moi-même.

Maître Jacques. — Monsieur, le voici qui revient. Ne lui allez pas dire au moins que c'est moi qui vous ai découvert cela.

SCÈNE II
VALÈRE, HARPAGON,
LE COMMISSAIRE, SON CLERC,
MAÎTRE JACQUES

Harpagon. — Approche : viens confesser l'action la plus noire, l'attentat le plus horrible qui jamais ait été commis.

VALÈRE. — Que voulez-vous, Monsieur?

HARPAGON. — Comment, traître, tu ne rougis pas de ton crime?

VALÈRE. — De quel crime voulez-vous donc parler?

HARPAGON. — De quel crime je veux parler, infâme! comme si tu ne savais pas ce que je veux dire. C'est en vain que tu prétendrais de le déguiser : l'affaire est découverte, et l'on vient de m'apprendre tout. Comment abuser ainsi de ma bonté, et s'introduire exprès chez moi pour me trahir? pour me jouer un tour de cette nature?

VALÈRE. — Monsieur, puisqu'on vous a découvert tout, je ne veux point chercher de détours et vous nier la chose.

MAÎTRE JACQUES. — Oh! oh! aurais-je deviné sans y penser?

VALÈRE. — C'était mon dessein de vous en parler, et je voulais attendre pour cela des conjonctures favorables; mais puisqu'il est ainsi, je vous conjure de ne vous point fâcher, et de vouloir bien entendre mes raisons.

HARPAGON. — Et quelles belles raisons peux-tu me donner, voleur infâme?

VALÈRE. — Ah! Monsieur, je n'ai pas mérité ces noms. Il est vrai que j'ai commis une offense envers vous; mais, après tout, ma faute est pardonnable.

HARPAGON. — Comment, pardonnable? Un guet-apens? un assassinat de la sorte?

VALÈRE. — De grâce, ne vous mettez point en colère. Quand vous m'aurez ouï, vous verrez que le mal n'est pas si grand que vous le faites.

HARPAGON. — Le mal n'est pas si grand que je le fais! Quoi? mon sang, mes entrailles, pendard?

VALÈRE. — Votre sang, Monsieur, n'est pas tombé dans de mauvaises mains. Je suis d'une condition à ne lui point faire de tort, et il n'y a rien en tout ceci que je ne puisse bien réparer.

HARPAGON. — C'est bien mon intention, et que tu me restitues ce que tu m'as ravi.

VALÈRE. — Votre honneur, Monsieur, sera pleinement satisfait.

Harpagon. — Il n'est pas question d'honneur là-dedans. Mais, dis-moi, qui t'a porté à cette action?

Valère. — Hélas! me le demandez-vous?

Harpagon. — Oui, vraiment, je te le demande.

Valère. — Un dieu qui porte les excuses de tout ce qu'il fait faire : l'Amour.

Harpagon. — L'Amour?

Valère. — Oui.

Harpagon. — Bel amour, bel amour, ma foi! l'amour de mes louis d'or.

Valère. — Non, Monsieur, ce ne sont point vos richesses qui m'ont tenté; ce n'est pas cela qui m'a ébloui, et je proteste de ne prétendre rien à tous vos biens, pourvu que vous me laissiez celui que j'ai.

Harpagon. — Non ferai, de par tous les diables! je ne te le laisserai pas. Mais voyez quelle insolence de vouloir retenir le vol qu'il m'a fait!

Valère. — Appelez-vous cela un vol?

Harpagon. — Si je l'appelle un vol? Un trésor comme celui-là!

Valère. — C'est un trésor, il est vrai, et le plus précieux que vous ayez sans doute; mais ce ne sera pas le perdre que de me le laisser. Je vous le demande à genoux, ce trésor plein de charmes; et pour bien faire, il faut que vous me l'accordiez.

Harpagon. — Je n'en ferai rien. Qu'est-ce à dire cela?

Valère. — Nous nous sommes promis une foi mutuelle, et avons fait serment de ne nous point abandonner.

Harpagon. — Le serment est admirable, et la promesse plaisante!

Valère. — Oui, nous nous sommes engagés d'être l'un à l'autre à jamais.

Harpagon. — Je vous empêcherai bien, je vous assure.

Valère. — Rien que la mort ne nous peut séparer.

Harpagon. — C'est être bien endiablé après mon argent.

Valère. — Je vous ai déjà dit, Monsieur, que ce n'était point l'intérêt qui m'avait poussé à faire ce que j'ai fait. Mon cœur n'a point agi par les ressorts que vous pensez, et un motif plus noble m'a inspiré cette résolution.

HARPAGON. — Vous verrez que c'est par charité chrétienne qu'il veut avoir mon bien ; mais j'y donnerai bon ordre ; et la justice, pendard effronté, me va faire raison de tout.

VALÈRE. — Vous en userez comme vous voudrez, et me voilà prêt à souffrir toutes les violences qu'il vous plaira ; mais je vous prie de croire, au moins, que, s'il y a du mal, ce n'est que moi qu'il en faut accuser, et que votre fille en tout ceci n'est aucunement coupable.

HARPAGON. — Je le crois bien, vraiment ; il serait fort étrange que ma fille eût trempé dans ce crime. Mais je veux ravoir mon affaire, et que tu me confesses en quel endroit tu me l'as enlevée.

VALÈRE. — Moi ? je ne l'ai point enlevée, et elle est encore chez vous ?

HARPAGON. — O ma chère cassette ! Elle n'est point sortie de ma maison ?

VALÈRE. — Non, Monsieur.

HARPAGON. — Hé ! dis-moi donc un peu : tu n'y as point touché ?

VALÈRE. — Moi, y toucher ? Ah ! vous lui faites tort, aussi bien qu'à moi ; et c'est d'une ardeur toute pure et respectueuse que j'ai brûlé pour elle.

HARPAGON. — Brûlé pour ma cassette !

VALÈRE. — J'aimerais mieux mourir que de lui avoir fait paraître aucune pensée offensante : elle est trop sage et trop honnête pour cela.

HARPAGON. — Ma cassette trop honnête !

VALÈRE. — Tous mes désirs se sont bornés à jouir de sa vue ; et rien de criminel n'a profané la passion que ses beaux yeux m'ont inspirée.

HARPAGON. — Les beaux yeux de ma cassette ! Il parle d'elle comme un amant d'une maîtresse.

VALÈRE. — Dame Claude, Monsieur, sait la vérité de cette aventure, et elle vous peut rendre témoignage...

HARPAGON. — Quoi ? ma servante est complice de l'affaire ?

VALÈRE. — Oui, Monsieur, elle a été témoin de notre engagement ; et c'est après avoir connu l'honnêteté de ma flamme qu'elle m'a aidé à persuader votre fille de me donner sa foi, et recevoir la mienne.

HARPAGON. — Eh? Est-ce que la peur de la justice le fait extravaguer? Que nous brouilles-tu ici de ma fille?

VALÈRE. — Je dis, Monsieur, que j'ai eu toutes les peines du monde à faire consentir sa pudeur à ce que voulait mon amour.

HARPAGON. — La pudeur de qui?

VALÈRE. — De votre fille; et c'est seulement depuis hier qu'elle a pu se résoudre à nous signer mutuellement une promesse de mariage.

HARPAGON. — Ma fille t'a signé une promesse de mariage!

VALÈRE. — Oui, Monsieur, comme de ma part je lui en ai signé une.

HARPAGON. — O Ciel! autre disgrâce!

MAÎTRE JACQUES. — Écrivez, Monsieur, écrivez.

HARPAGON. — Rengrènement de mal! surcroît de désespoir! Allons, Monsieur, faites le dû de votre charge, et dressez-lui-moi son procès, comme larron, et comme suborneur.

VALÈRE. — Ce sont des noms qui ne me sont point dus; et quand on saura qui je suis...

SCÈNE IV
ÉLISE, MARIANE, FROSINE,
HARPAGON, VALÈRE,
MAÎTRE JACQUES, LE COMMISSAIRE,
SON CLERC

HARPAGON. — Ah! fille scélérate! fille indigne d'un père comme moi! c'est ainsi que tu pratiques les leçons que je t'ai données? Tu te laisses prendre d'amour pour un voleur infâme, et tu lui engages ta foi sans mon consentement? Mais vous serez trompés l'un et l'autre. Quatre bonnes murailles me répondront de ta conduite; et une bonne potence me fera raison de ton audace.

VALÈRE. — Ce ne sera point votre passion qui jugera l'affaire; et l'on m'écoutera, au moins, avant que de me condamner.

HARPAGON. — Je me suis abusé de dire une potence, et tu seras roué tout vif.

ÉLISE *à genoux devant son père*. — Ah! mon père,

prenez des sentiments un peu plus humains, je vous prie, et n'allez point pousser les choses dans les dernières violences du pouvoir paternel. Ne vous laissez point entraîner aux premiers mouvements de votre passion, et donnez-vous le temps de considérer ce que vous voulez faire. Prenez la peine de mieux voir celui dont vous vous offensez : il est tout autre que vos yeux ne le jugent; et vous trouverez moins étrange que je me sois donnée à lui, lorsque vous saurez que sans lui vous ne m'auriez plus il y a longtemps. Oui, mon père, c'est celui qui me sauva de ce grand péril que vous savez que je courus dans l'eau, et à qui vous devez la vie de cette même fille dont...

HARPAGON. — Tout cela n'est rien; et il valait bien mieux pour moi qu'il te laissât noyer que de faire ce qu'il a fait.

ÉLISE. — Mon père, je vous conjure, par l'amour paternel, de me...

HARPAGON. — Non, non, je ne veux rien entendre; et il faut que la justice fasse son devoir.

MAÎTRE JACQUES. — Tu me payeras mes coups de bâton.

FROSINE. — Voici un étrange embarras.

SCÈNE V
ANSELME, HARPAGON, ÉLISE,
MARIANE, FROSINE, VALÈRE,
MAÎTRE JACQUES, LE COMMISSAIRE,
SON CLERC

ANSELME. — Qu'est-ce, seigneur Harpagon? je vous vois tout ému.

HARPAGON. — Ah! seigneur Anselme, vous me voyez le plus infortuné de tous les hommes; et voici bien du trouble et du désordre au contrat que vous venez faire. On m'assassine dans le bien, on m'assassine dans l'honneur; et voilà un traître, un scélérat, qui a violé tous les droits les plus saints, qui s'est coulé chez moi sous le titre de domestique, pour me dérober mon argent et pour me suborner ma fille.

VALÈRE. — Qui songe à votre argent, dont vous me faites un galimatias?

HARPAGON. — Oui, ils se sont donné l'un et l'autre une promesse de mariage. Cet affront vous regarde, seigneur Anselme, et c'est vous qui devez vous rendre partie contre lui, et faire toutes les poursuites de la justice, pour vous venger de son insolence.

ANSELME. — Ce n'est pas mon dessein de me faire épouser par force, et de rien prétendre à un cœur qui se serait donné; mais pour vos intérêts, je suis prêt à les embrasser ainsi que les miens propres.

HARPAGON. — Voilà Monsieur qui est un honnête commissaire, qui n'oubliera rien, à ce qu'il m'a dit, de la fonction de son office. Chargez-le comme il faut, Monsieur, et rendez les choses bien criminelles.

VALÈRE. — Je ne vois pas quel crime on me peut faire de la passion que j'ai pour votre fille; et le supplice où vous croyez que je puisse être condamné pour notre engagement, lorsqu'on saura ce que je suis...

HARPAGON. — Je me moque de tous ces contes; et le monde aujourd'hui n'est plein que de ces larrons de noblesse, que de ces imposteurs, qui tirent avantage de leur obscurité, et s'habillent insolemment du premier nom illustre qu'ils s'avisent de prendre.

VALÈRE. — Sachez que j'ai le cœur trop bon pour me parer de quelque chose qui ne soit point à moi, et que tout Naples peut rendre témoignage de ma naissance.

ANSELME. — Tout beau! prenez garde à ce que vous allez dire. Vous risquez ici plus que vous ne pensez; et vous parlez devant un homme à qui tout Naples est connu, et qui peut aisément voir clair dans l'histoire que vous ferez.

VALÈRE, *en mettant fièrement son chapeau*. — Je ne suis point homme à rien craindre, et si Naples vous est connu, vous savez qui était Dom Thomas d'Alburcy.

ANSELME. — Sans doute, je le sais; et peu de gens l'ont connu mieux que moi.

HARPAGON. — Je ne me soucie ni de Dom Thomas ni de Dom Martin.

ANSELME. — De grâce, laissez-le parler, nous verrons ce qu'il en veut dire.

VALÈRE. — Je veux dire que c'est lui qui m'a donné le jour.

ANSELME. — Lui ?

VALÈRE. — Oui.

ANSELME. — Allez ; vous vous moquez. Cherchez quelque autre histoire, qui vous puisse mieux réussir, et ne prétendez pas vous sauver sous cette imposture.

VALÈRE. — Songez à mieux parler. Ce n'est point une imposture ; et je n'avance rien qu'il ne me soit aisé de justifier.

ANSELME. — Quoi ? vous osez vous dire fils de Dom Thomas d'Alburcy ?

VALÈRE. — Oui, je l'ose ; et je suis prêt de soutenir cette vérité contre qui que ce soit.

ANSELME. — L'audace est merveilleuse. Apprenez, pour vous confondre, qu'il y a seize ans pour le moins que l'homme dont vous nous parlez périt sur mer avec ses enfants et sa femme, en voulant dérober leur vie aux cruelles persécutions qui ont accompagné les désordres de Naples, et qui en firent exiler plusieurs nobles familles.

VALÈRE. — Oui ; mais apprenez, pour vous confondre, vous, que son fils âgé de sept ans, avec un domestique, fut sauvé de ce naufrage par un vaisseau espagnol, et que ce fils sauvé est celui qui vous parle ; apprenez que le capitaine de ce vaisseau, touché de ma fortune, prit amitié pour moi ; qu'il me fit élever comme son propre fils, et que les armes furent mon emploi dès que je m'en trouvai capable ; que j'ai su depuis peu que mon père n'était point mort, comme je l'avais cru ; que passant ici pour l'aller chercher, une aventure, par le Ciel concertée, me fit voir la charmante Élise ; que cette vue me rendit esclave de ses beautés ; et que la violence de mon amour, et les sévérités de son père, me firent prendre la résolution de m'introduire dans son logis, et d'envoyer un autre à la quête de mes parents.

ANSELME. — Mais quels témoignages encore, autres que vos paroles, nous peuvent assurer que ce ne soit point une fable que vous ayez bâtie sur une vérité ?

VALÈRE. — Le capitaine espagnol, un cachet de rubis qui était à mon père ; un bracelet d'agate que ma mère m'avait mis au bras ; le vieux Pedro, ce domestique qui se sauva avec moi du naufrage.

MARIANE. — Hélas ! à vos paroles je puis ici répondre, moi, que vous n'imposez point ; et tout ce que vous dites me fait connaître clairement que vous êtes mon frère.

VALÈRE. — Vous ma sœur ?

MARIANE. — Oui. Mon cœur s'est ému dès le moment que vous avez ouvert la bouche ; et notre mère, que vous allez ravir, m'a mille fois entretenue des disgrâces de notre famille. Le Ciel ne nous fit point aussi périr dans ce triste naufrage ; mais il ne nous sauva la vie que par la perte de notre liberté ; et ce furent des corsaires qui nous recueillirent, ma mère et moi, sur un débris de notre vaisseau. Après dix ans d'esclavage, une heureuse fortune nous rendit notre liberté, et nous retournâmes dans Naples, où nous trouvâmes tout notre bien vendu, sans y pouvoir trouver des nouvelles de notre père. Nous passâmes à Gênes, où ma mère alla ramasser quelques malheureux restes d'une succession qu'on avait déchirée ; et de là, fuyant la barbare injustice de ses parents, elle vint en ces lieux, où elle n'a presque vécu que d'une vie languissante.

ANSELME. — O Ciel ! quels sont les traits de ta puissance ! et que tu fais bien voir qu'il n'appartient qu'à toi de faire des miracles ! Embrassez-moi, mes enfants, et mêlez tous deux vos transports à ceux de votre père.

VALÈRE. — Vous êtes notre père ?

MARIANE. — C'est vous que ma mère a tant pleuré ?

ANSELME. — Oui, ma fille, oui, mon fils, je suis Dom Thomas d'Alburcy, que le Ciel garantit des ondes avec tout l'argent qu'il portait, et qui vous ayant tous crus morts durant plus de seize ans, se préparait, après de longs voyages, à chercher dans l'hymen d'une douce et sage personne la consolation de quelque nouvelle famille. Le peu de sûreté que j'ai vu pour ma vie à retourner à Naples m'a fait y renoncer pour toujours ; et ayant su trouver moyen d'y faire vendre ce que j'avais, je me suis habitué ici, où, sous le nom d'Anselme, j'ai voulu m'éloigner les chagrins de cet autre nom qui m'a causé tant de traverses.

HARPAGON. — C'est là votre fils ?

ANSELME. — Oui.

HARPAGON. — Je vous prends à partie, pour me payer dix mille écus qu'il m'a volés.

ANSELME. — Lui, vous avoir volé?

HARPAGON. — Lui-même.

VALÈRE. — Qui vous dit cela?

HARPAGON. — Maître Jacques.

VALÈRE. — C'est toi qui le dis?

MAÎTRE JACQUES. — Vous voyez que je ne dis rien.

HARPAGON. — Oui : voilà Monsieur le Commissaire qui a reçu sa déposition.

VALÈRE. — Pouvez-vous me croire capable d'une action si lâche?

HARPAGON. — Capable ou non capable, je veux ravoir mon argent.

SCÈNE VI
CLÉANTE, VALÈRE, MARIANE,
ÉLISE, FROSINE, HARPAGON,
ANSELME, MAÎTRE JACQUES,
LA FLÈCHE, LE COMMISSAIRE,
SON CLERC

CLÉANTE. — Ne vous tourmentez point, mon père, et n'accusez personne. J'ai découvert des nouvelles de votre affaire, et je viens ici pour vous dire que, si vous voulez vous résoudre à me laisser épouser Mariane, votre argent vous sera rendu.

HARPAGON. — Où est-il?

CLÉANTE. — Ne vous en mettez point en peine : il est en lieu dont je réponds, et tout ne dépend que de moi. C'est à vous de me dire à quoi vous vous déterminez; et vous pouvez choisir, ou de me donner Mariane, ou de perdre votre cassette.

HARPAGON. — N'en a-t-on rien ôté?

CLÉANTE. — Rien du tout. Voyez si c'est votre dessein de souscrire à ce mariage, et de joindre votre consentement à celui de sa mère, qui lui laisse la liberté de faire un choix entre nous deux.

MARIANE. — Mais vous ne savez pas que ce n'est pas assez que ce consentement, et que le Ciel, avec un frère que vous voyez, vient de me rendre un père dont vous avez à m'obtenir.

ANSELME. — Le Ciel, mes enfants, ne me redonne point à vous pour être contraire à vos vœux. Seigneur Harpagon, vous jugez bien que le choix d'une jeune personne tombera sur le fils plutôt que sur le père. Allons, ne vous faites point dire ce qu'il n'est pas nécessaire d'entendre, et consentez ainsi que moi à ce double hyménée.

HARPAGON. — Il faut, pour me donner conseil, que je voie ma cassette.

CLÉANTE. — Vous la verrez saine et entière.

HARPAGON. — Je n'ai point d'argent à donner en mariage à mes enfants.

ANSELME. — Hé bien! j'en ai pour eux; que cela ne vous inquiète point.

HARPAGON. — Vous obligerez-vous à faire tous les frais de ces deux mariages?

ANSELME. — Oui, je m'y oblige; êtes-vous satisfait?

HARPAGON. — Oui, pourvu que pour les noces vous me fassiez faire un habit.

ANSELME. — D'accord. Allons jouir de l'allégresse que cet heureux jour nous présente.

LE COMMISSAIRE. — Holà! Messieurs, holà! tout doucement, s'il vous plaît : qui me payera mes écritures?

HARPAGON. — Nous n'avons que faire de vos écritures.

LE COMMISSAIRE. — Oui! mais je ne prétends pas, moi, les avoir faites pour rien.

HARPAGON. — Pour votre paiement, voilà un homme que je vous donne à pendre.

MAÎTRE JACQUES. — Hélas! comment faut-il donc faire? On me donne des coups de bâton pour dire vrai, et on me veut pendre pour mentir.

ANSELME. — Seigneur Harpagon, il faut lui pardonner cette imposture.

HARPAGON. — Vous paierez donc le Commissaire?

ANSELME. — Soit. Allons vite faire part de notre joie à votre mère.

HARPAGON. — Et moi, voir ma chère cassette.

LE MISANTHROPE

COMÉDIE

REPRÉSENTÉE POUR LA PREMIÈRE FOIS À PARIS
SUR LE THÉÂTRE DU PALAIS-ROYAL
LE 4ᵉ DU MOIS DE JUIN 1666

PAR LA
TROUPE DU ROI

PERSONNAGES

ALCESTE, amant de Célimène.
PHILINTE, ami d'Alceste.
ORONTE, amant de Célimène.
CÉLIMÈNE, amante d'Alceste.
ÉLIANTE, cousine de Célimène.
ARSINOÉ, amie de Célimène.
ACASTE, marquis
CLITANDRE, marquis.
BASQUE, valet de Célimène.
UN GARDE DE LA MARÉCHAUSSÉE DE FRANCE.
DU BOIS, valet d'Alceste.

La scène est à Paris.

ACTE PREMIER

SCÈNE I
PHILINTE, ALCESTE

PHILINTE
Qu'est-ce donc? Qu'avez-vous?

ALCESTE
                    Laissez-moi, je vous
prie.

PHILINTE
Mais encor dites-moi quelle bizarrerie...

ALCESTE
Laissez-moi là, vous dis-je, et courez vous cacher.

PHILINTE
Mais on entend les gens, au moins, sans se fâcher.

ALCESTE
Moi, je veux me fâcher, et ne veux point entendre.   5

PHILINTE
Dans vos brusques chagrins je ne puis vous comprendre,
Et pourquoi amis enfin, je suis tout des premiers...

ALCESTE

Moi, votre ami ? Rayez cela de vos papiers.
J'ai fait jusques ici profession de l'être ;
Mais après ce qu'en vous je viens de voir paraître,
Je vous déclare net que je ne le suis plus,
Et ne veux nulle place en des cœurs corrompus.

PHILINTE

Je suis donc bien coupable, Alceste, à votre compte ?

ALCESTE

Allez, vous devriez mourir de pure honte ;
Une telle action ne saurait s'excuser,
Et tout homme d'honneur s'en doit scandaliser.
Je vous vois accabler un homme de caresses,
Et témoigner pour lui les dernières tendresses ;
De protestations, d'offres et de serments,
Vous chargez la fureur de vos embrassements ;
Et quand je vous demande après quel est cet homme,
A peine pouvez-vous dire comme il se nomme ;
Votre chaleur pour lui tombe en vous séparant,
Et vous me le traitez, à moi, d'indifférent.
Morbleu ! c'est une chose indigne, lâche, infâme,
De s'abaisser ainsi jusqu'à trahir son âme ;
Et si, par un malheur, j'en avais fait autant,
Je m'irais, de regret, pendre tout à l'instant.

PHILINTE

Je ne vois pas, pour moi, que le cas soit pendable,
Et je vous supplierai d'avoir pour agréable
Que je me fasse un peu grâce sur votre arrêt,
Et ne me pende pas pour cela, s'il vous plaît.

ALCESTE

Que la plaisanterie est de mauvaise grâce !

PHILINTE

Mais, sérieusement, que voulez-vous qu'on fasse ?

ALCESTE

Je veux qu'on soit sincère, et qu'en homme d'honneur,
On ne lâche aucun mot qui ne parte du cœur.

PHILINTE

Lorsqu'un homme vous vient embrasser avec joie,
Il faut bien le payer de la même monnoie,
Répondre, comme on peut, à ses empressements,
Et rendre offre pour offre, et serments pour serments.   40

ALCESTE

Non, je ne puis souffrir cette lâche méthode
Qu'affectent la plupart de vos gens à la mode ;
Et je ne hais rien tant que les contorsions
De tous ces grands faiseurs de protestations,
Ces affables donneurs d'embrassades frivoles,   45
Ces obligeants diseurs d'inutiles paroles,
Qui de civilités avec tous font combat,
Et traitent du même air l'honnête homme et le fat.
Quel avantage a-t-on qu'un homme vous caresse,
Vous jure amitié, foi, zèle, estime, tendresse,   50
Et vous fasse de vous un éloge éclatant,
Lorsque au premier faquin il court en faire autant ?
Non, non, il n'est point d'âme un peu bien située
Qui veuille d'une estime ainsi prostituée ;
Et la plus glorieuse a des régals peu chers,   55
Dès qu'on voit qu'on nous mêle avec tout l'univers :
Sur quelque préférence une estime se fonde,
Et c'est n'estimer rien qu'estimer tout le monde.
Puisque vous y donnez, dans ces vices du temps,
Morbleu ! vous n'êtes pas pour être de mes gens ;   60
Je refuse d'un cœur la vaste complaisance
Qui ne fait de mérite aucune différence ;
Je veux qu'on me distingue ; et pour le trancher net,
L'ami du genre humain n'est point du tout mon fait.

PHILINTE

Mais quand on est du monde, il faut bien que l'on rende 65
Quelques dehors civils que l'usage demande.

ALCESTE

Non, vous dis-je, on devrait châtier, sans pitié,
Ce commerce honteux de semblants d'amitié.
Je veux que l'on soit homme, et qu'en toute rencontre

Le fond de notre cœur dans nos discours se montre,
Que ce soit lui qui parle, et que nos sentiments
Ne se masquent jamais sous de vains compliments.

PHILINTE

Il est bien des endroits où la pleine franchise
Deviendrait ridicule et serait peu permise ;
Et parfois, n'en déplaise à votre austère honneur,
Il est bon de cacher ce qu'on a dans le cœur.
Serait-il à propos et de la bienséance
De dire à mille gens tout ce que d'eux on pense ?
Et quand on a quelqu'un qu'on hait ou qui déplaît,
Lui doit-on déclarer la chose comme elle est ?

ALCESTE

Oui.

PHILINTE

Quoi ? vous iriez dire à la vieille Émilie
Qu'à son âge il sied mal de faire la jolie,
Et que le blanc qu'elle a scandalise chacun ?

ALCESTE

Sans doute.

PHILINTE

A Dorilas, qu'il est trop importun,
Et qu'il n'est, à la cour, oreille qu'il ne lasse
A conter sa bravoure et l'éclat de sa race ?

ALCESTE

Fort bien.

PHILINTE

Vous vous moquez.

ALCESTE

Je ne me moque point,
Et je vais n'épargner personne sur ce point.
Mes yeux sont trop blessés, et la cour et la ville
Ne m'offrent rien qu'objets à m'échauffer la bile :
J'entre en une humeur noire, et un chagrin profond,

Quand je vois vivre entre eux les hommes comme ils font ;
Je ne trouve partout que lâche flatterie,
Qu'injustice, intérêt, trahison, fourberie ;
Je n'y puis plus tenir, j'enrage, et mon dessein   95
Est de rompre en visière à tout le genre humain.

PHILINTE

Ce chagrin philosophe est un peu trop sauvage,
Je ris des noirs accès où je vous envisage,
Et crois voir en nous deux, sous mêmes soins nourris,
Ces deux frères que peint *l'École des maris*,   100
Dont...

ALECESTE

Mon Dieu ! laissons là vos comparaisons fades.

PHILINTE

Non : tout de bon, quittez toutes ces incartades.
Le monde par vos soins ne se changera pas ;
Et puisque la franchise a pour vous tant d'appas,
Je vous dirai tout franc que cette maladie,   105
Partout où vous allez, donne la comédie,
Et qu'un si grand courroux contre les mœurs du temps
Vous tourne en ridicule auprès de bien des gens.

ALCESTE

Tant mieux, morbleu ! tant mieux, c'est ce que je
                                            [demande,
Ce m'est un fort bon signe, et ma joie en est grande :   110
Tous les hommes me sont à tel point odieux
Que je serais fâché d'être sage à leurs yeux.

PHILINTE

Vous voulez un grand mal à la nature humaine !

ALCESTE

Oui, j'ai conçu pour elle une effroyable haine.

PHILINTE

Tous les pauvres mortels, sans nulle exception,   115
Seront enveloppés dans cette aversion ?
Encore en est-il bien, dans le siècle où nous sommes...

Alceste

Non : elle est générale, et je hais tous les hommes :
Les uns, parce qu'ils sont méchants et malfaisants,
Et les autres, pour être aux méchants complaisants,   1
Et n'avoir pas pour eux ces haines vigoureuses
Que doit donner le vice aux âmes vertueuses.
De cette complaisance on voit l'injuste excès
Pour le franc scélérat avec qui j'ai procès :
Au travers de son masque on voit à plein le traître ;   1
Partout il est connu pour tout ce qu'il peut être ;
Et ses roulements d'yeux et son ton radouci
N'imposent qu'à des gens qui ne sont point d'ici.
On sait que ce pied-plat, digne qu'on le confonde,
Par de sales emplois s'est poussé dans le monde,   1
Et que par eux son sort de splendeur revêtu
Fait gronder le mérite et rougir la vertu.
Quelques titres honteux qu'en tous lieux on lui donne,
Son misérable honneur ne voit pour lui personne ;
Nommez-le fourbe, infâme, et scélérat maudit,   1
Tout le monde en convient, et nul n'y contredit.
Cependant sa grimace est partout bienvenue :
On l'accueille, on lui rit, partout il s'insinue :
Et s'il est, par la brigue, un rang à disputer,
Sur le plus honnête homme on le voit l'emporter.   1
Têtebleu ! ce me sont de mortelles blessures,
De voir qu'avec le vice on garde des mesures ;
Et parfois il me prend des mouvements soudains
De fuir dans un désert l'approche des humains.

Philinte

Mon Dieu, des mœurs du temps mettons-nous moins   1
                                        [en peine,
Et faisons un peu grâce à la nature humaine ;
Ne l'examinons point dans la grande rigueur,
Et voyons ses défauts avec quelque douceur.
Il faut, parmi le monde, une vertu traitable ;
A force de sagesse, on peut être blâmable ;   1
La parfaite raison fuit toute extrémité,
Et veut que l'on soit sage avec sobriété.
Cette grande roideur des vertus des vieux âges

Heurte trop notre siècle et les communs usages;
Elle veut aux mortels trop de perfection : 155
Il faut fléchir au temps sans obstination;
Et c'est une folie à nulle autre seconde
De vouloir se mêler de corriger le monde.
J'observe, comme vous, cent choses tous les jours,
Qui pourraient mieux aller, prenant un autre cours; 160
Mais quoi qu'à chaque pas je puisse voir paraître,
En courroux, comme vous, on ne me voit point être;
Je prends tout doucement les hommes comme ils sont,
J'accoutume mon âme à souffrir ce qu'ils font;
Et je crois qu'à la cour, de même qu'à la ville, 165
Mon flegme est philosophe autant que votre bile.

ALCESTE

Mais ce flegme, Monsieur, qui raisonne si bien,
Ce flegme pourra-t-il ne s'échauffer de rien?
Et s'il faut, par hasard, qu'un ami vous trahisse,
Que, pour avoir vos biens, on dresse un artifice, 170
Ou qu'on tâche à semer de méchants bruits de vous,
Verrez-vous tout cela sans vous mettre en courroux?

PHILINTE

Oui, je vois ces défauts dont votre âme murmure
Comme vices unis à l'humaine nature;
Et mon esprit enfin n'est pas plus offensé 175
De voir un homme fourbe, injuste, intéressé,
Que de voir des vautours affamés de carnage,
Des singes malfaisants, et des loups pleins de rage.

ALCESTE

Je me verrai trahir, mettre en pièces, voler,
Sans que je sois... Morbleu! je ne veux point parler, 180
Tant ce raisonnement est plein d'impertinence.

PHILINTE

Ma foi! vous ferez bien de garder le silence.
Contre votre partie éclatez un peu moins,

Et donnez au procès une part de vos soins.

ALCESTE

Je n'en donnerai point, c'est une chose dite.

PHILINTE

Mais qui voulez-vous donc qui pour vous sollicite?

ALCESTE

Qui je veux? La raison, mon bon droit, l'équité.

PHILINTE

Aucun juge par vous ne sera visité?

ALCESTE

Non. Est-ce que ma cause est injuste ou douteuse?

PHILINTE

J'en demeure d'accord; mais la brigue est fâcheuse,
Et...

ALCESTE

   Non; j'ai résolu de n'en pas faire un pas.
J'ai tort, ou j'ai raison.

PHILINTE

            Ne vous y fiez pas.

ALCESTE

Je ne remuerai point.

PHILINTE

            Votre partie est forte,
Et peut, par sa cabale, entraîner...

ALCESTE

                Il n'importe.

PHILINTE

Vous vous tromperez.

ALCESTE

         Soit. J'en veux voir le succès.

PHILINTE

Mais...

ALCESTE

J'aurai le plaisir de perdre mon procès.

PHILINTE

Mais enfin...

ALCESTE

Je verrai, dans cette plaiderie,
Si les hommes auront assez d'effronterie,
Seront assez méchants, scélérats et pervers,
Pour me faire injustice aux yeux de l'univers.   200

PHILINTE

Quel homme!

ALCESTE

Je voudrais, m'en coûtât-il grand-chose,
Pour la beauté du fait avoir perdu ma cause.

PHILINTE

On se rirait de vous, Alceste, tout de bon,
Si l'on vous entendait parler de la façon.

ALCESTE

Tant pis pour qui rirait.   205

PHILINTE

Mais cette rectitude
Que vous voulez en tout avec exactitude,
Cette pleine droiture où vous vous renfermez,
La trouvez-vous ici dans ce que vous aimez?
Je m'étonne, pour moi, qu'étant, comme il le semble,
Vous et le genre humain si fort brouillés ensemble,   210
Malgré tout ce qui peut vous le rendre odieux,
Vous ayez pris chez lui ce qui charme vos yeux;
Et ce qui me surprend encore davantage,
C'est cet étrange choix où votre cœur s'engage.
La sincère Éliante a du penchant pour vous,   215

La prude Arsinoé vous voit d'un œil fort doux :
Cependant à leurs vœux votre âme se refuse,
Tandis qu'en ses liens Célimène l'amuse,
De qui l'humeur coquette et l'esprit médisant
Semble si fort donner dans les mœurs d'à présent.   2
D'où vient que, leur portant une haine mortelle,
Vous pouvez bien souffrir ce qu'en tient cette belle ?
Ne sont-ce plus défauts dans un objet si doux ?
Ne les voyez-vous pas ? ou les excusez-vous ?

ALCESTE

Non, l'amour que je sens pour cette jeune veuve   2
Ne ferme point mes yeux aux défauts qu'on lui trouve,
Et je suis, quelque ardeur qu'elle m'ait pu donner,
Le premier à les voir, comme à les condamner.
Mais, avec tout cela, quoi que je puisse faire,
Je confesse mon faible, elle a l'art de me plaire :   2
J'ai beau voir ses défauts, et j'ai beau l'en blâmer,
En dépit qu'on en ait, elle se fait aimer ;
Sa grâce est la plus forte ; et sans doute ma flamme
De ces vices du temps pourra purger son âme.

PHILINTE

Si vous faites cela, vous ne ferez pas peu.   2
Vous croyez être donc aimé d'elle ?

ALCESTE

                          Oui, parbleu !
Je ne l'aimerais pas, si je ne croyais l'être.

PHILINTE

Mais si son amitié pour vous se fait paraître,
D'où vient que vos rivaux vous causent de l'ennui ?

ALCESTE

C'est qu'un cœur bien atteint veut qu'on soit tout à lui, 2
Et je ne viens ici qu'à dessein de lui dire
Tout ce que là-dessus ma passion m'inspire.

PHILINTE

Pour moi, si je n'avais qu'à former des désirs,
La cousine Éliante aurait tous mes soupirs ;

Son cœur, qui vous estime, est solide et sincère,   245
Et ce choix plus conforme était mieux votre affaire.

ALCESTE

Il est vrai : ma raison me le dit chaque jour;
Mais la raison n'est pas ce qui règle l'amour.

PHILINTE

Je crains fort pour vos feux; et l'espoir où vous êtes
Pourrait...   250

SCÈNE II
ORONTE, ALCESTE, PHILINTE

ORONTE

   J'ai su là-bas que, pour quelques emplettes,
Éliante est sortie, et Célimène aussi;
Mais comme l'on m'a dit que vous étiez ici,
J'ai monté pour vous dire, et d'un cœur véritable,
Que j'ai conçu pour vous une estime incroyable,
Et que, depuis longtemps, cette estime m'a mis   255
Dans un ardent désir d'être de vos amis.
Oui, mon cœur au mérite aime à rendre justice,
Et je brûle qu'un nœud d'amitié nous unisse :
Je crois qu'un ami chaud, et de ma qualité,
N'est pas assurément pour être rejeté.   260

        En cet endroit Alceste paraît tout rêveur,
        et semble n'entendre pas qu'Oronte lui
        parle.

C'est à vous, s'il vous plaît, que ce discours s'adresse.

ALCESTE

A moi, Monsieur?

ORONTE

     A vous. Trouvez-vous qu'il vous blesse?

ALCESTE

Non pas; mais la surprise est fort grande pour moi,
Et je n'attendais pas l'honneur que je reçois.

ORONTE

L'estime où je vous tiens ne doit point vous surprendre, 265
Et de tout l'univers vous la pouvez prétendre.

ALCESTE

Monsieur...

ORONTE

L'État n'a rien qui ne soit au-dessous
Du mérite éclatant que l'on découvre en vous.

ALCESTE

Monsieur...

ORONTE

Oui, de ma part, je vous tiens préférable
A tout ce que j'y vois de plus considérable.   2

ALCESTE

Monsieur...

ORONTE

Sois-je du ciel écrasé, si je mens!
Et pour vous confirmer ici mes sentiments,
Souffrez qu'à cœur ouvert, Monsieur, je vous embrasse,
Et qu'en votre amitié je vous demande place.
Touchez là, s'il vous plaît. Vous me la promettez,   2
Votre amitié?

ALCESTE

Monsieur...

ORONTE

Quoi? vous y résistez?

ALCESTE

Monsieur, c'est trop d'honneur que vous me voulez faire;
Mais l'amitié demande un peu plus de mystère,
Et c'est assurément en profaner le nom
Que de vouloir le mettre à toute occasion.   2
Avec lumière et choix cette union veut naître;
Avant que nous lier, il faut nous mieux connaître;
Et nous pourrions avoir telles complexions
Que tous deux du marché nous nous repentirions.

ORONTE

Parbleu! c'est là-dessus parler en homme sage,   2
Et je veux en estime encore davantage :

Souffrons donc que le temps forme des nœuds si doux ;
Mais, cependant, je m'offre entièrement à vous ;
S'il faut faire à la cour pour vous quelque ouverture,
On sait qu'auprès du Roi je fais quelque figure ;   290
Il m'écoute ; et dans tout, il en use, ma foi !
Le plus honnêtement du monde avecque moi.
Enfin je suis à vous de toutes les manières ;
Et comme votre esprit a de grandes lumières,
Je viens, pour commencer entre nous ce beau nœud,   295
Vous montrer un sonnet que j'ai fait depuis peu,
Et savoir s'il est bon qu'au public je l'expose.

ALCESTE

Monsieur, je suis mal propre à décider la chose ;
Veuillez m'en dispenser.

ORONTE

    Pourquoi ?

ALCESTE

                J'ai le défaut.
D'être un peu plus sincère en cela qu'il ne faut.   300

ORONTE

C'est ce que je demande, et j'aurais lieu de plainte,
Si, m'exposant à vous pour me parler sans feinte,
Vous alliez me trahir, et me déguiser rien.

ALCESTE

Puisqu'il vous plaît ainsi, Monsieur, je le veux bien.

ORONTE

Sonnet... C'est un sonnet. *L'espoir*...C'est une dame   305
Qui de quelque espérance avait flatté ma flamme.
L'espoir... Ce ne sont point de ces grands vers pompeux,
Mais de petits vers doux, tendres et langoureux.

                A toutes ces interruptions il regarde
                Alceste.

ALCESTE

Nous verrons bien.

ORONTE

          L'espoir... Je ne sais si le style
Pourra vous en paraître assez net et facile,   310

Et si du choix des mots vous vous contenterez.

ALCESTE

Nous allons voir, Monsieur.

ORONTE

Au reste, vous saurez
Que je n'ai demeuré qu'un quart d'heure à le faire.

ALCESTE

Voyons, Monsieur; le temps ne fait rien à l'affaire.

ORONTE

> *L'espoir, il est vrai, nous soulage,*   31
> *Et nous berce un temps notre ennui;*
> *Mais, Philis, le triste avantage,*
> *Lorsque rien ne marche après lui!*

PHILINTE

Je suis déjà charmé de ce petit morceau.

ALCESTE

Quoi? vous avez le front de trouver cela beau?   32

ORONTE

> *Vous eûtes de la complaisance;*
> *Mais vous en deviez moins avoir,*
> *Et ne vous pas mettre en dépense*
> *Pour ne me donner que l'espoir.*

PHILINTE

Ah! qu'en termes galants ces choses-là sont mises!   32

ALCESTE, *bas.*

Morbleu! vil complaisant, vous louez des sottises?

ORONTE

> *S'il faut qu'une attente éternelle*
> *Pousse à bout l'ardeur de mon zèle,*
> *Le trépas sera mon recours.*

> *Vos soins ne m'en peuvent distraire :*   33

> *Belle Philis, on désespère,*
> *Alors qu'on espère toujours.*

PHILINTE

La chute en est jolie, amoureuse, admirable.

ALCESTE, *bas.*

La peste de ta chute! Empoisonneur au diable,
En eusses-tu fait une à te casser le nez!   335

PHILINTE

Je n'ai jamais ouï de vers si bien tournés.

ALCESTE

Morbleu!...

ORONTE

Vous me flattez, et vous croyez peut-être...

PHILINTE

Non, je ne flatte point.

ALCESTE, *bas.*

Et que fais-tu donc, traître?

ORONTE

Mais, pour vous, vous savez quel est notre traité :
Parlez-moi, je vous prie, avec sincérité.   340

ALCESTE

Monsieur, cette matière est toujours délicate,
Et sur le bel esprit nous aimons qu'on nous flatte.
Mais un jour, à quelqu'un, dont je tairai le nom,
Je disais, en voyant des vers de sa façon,
Qu'il faut qu'un galant homme ait toujours grand empire   345
Sur les démangeaisons qui nous prennent d'écrire ;
Qu'il doit tenir la bride aux grands empressements
Qu'on a de faire éclat de tels amusements ;
Et que, par la chaleur de montrer ses ouvrages,
On s'expose à jouer de mauvais personnages.   350

ORONTE

Est-ce que vous voulez me déclarer par là
Que j'ai tort de vouloir...?

ALCESTE

Je ne dis pas cela.
Mais je lui disais, moi, qu'un froid écrit assomme,
Qu'il ne faut que ce faible à décrier un homme,
Et qu'eût-on, d'autre part, cent belles qualités,   35
On regarde les gens par leurs méchants côtés.

ORONTE

Est-ce qu'à mon sonnet vous trouvez à redire?

ALCESTE

Je ne dis pas cela; mais, pour ne point écrire,
Je lui mettais aux yeux comme, dans notre temps,
Cette soif a gâté de fort honnêtes gens.   36

ORONTE

Est-ce que j'écris mal? et leur ressemblerais-je?

ALCESTE

Je ne dis pas cela; mais enfin, lui disais-je,
Quel besoin si pressant avez-vous de rimer?
Et qui diantre vous pousse à vous faire imprimer?
Si l'on peut pardonner l'essor d'un mauvais livre,   36
Ce n'est qu'aux malheureux qui composent pour vivre.
Croyez-moi, résistez à vos tentations,
Dérobez au public ces occupations;
Et n'allez point quitter, de quoi que l'on vous somme,
Le nom que dans la cour vous avez d'honnête homme,   37
Pour prendre, de la main d'un avide imprimeur,
Celui de ridicule et misérable auteur.
C'est ce que je tâchai de lui faire comprendre.

ORONTE

Voilà qui va fort bien, et je crois vous entendre.
Mais ne puis-je savoir ce que dans mon sonnet...?   37

ALCESTE

Franchement, il est bon à mettre au cabinet.
Vous vous êtes réglé sur des méchants modèles,
Et vos expressions ne sont point naturelles.

Qu'est-ce que *Nous berce un temps notre ennui?*
Et que *Rien ne marche après lui?*   380
Que *Ne vous pas mettre en dépense,*
Pour ne me donner que l'espoir?
Et que *Philis, on désespère,*
Alors qu'on espère toujours?
Ce style figuré, dont on fait vanité,   385
Sort du bon caractère et de la vérité;
Ce n'est que jeu de mots, qu'affectation pure,
Et ce n'est point ainsi que parle la nature.
Le méchant goût du siècle, en cela, me fait peur.
Nos pères, tout grossiers, l'avaient beaucoup meilleur,   390
Et je prise bien moins tout ce que l'on admire
Qu'une vieille chanson que je m'en vais vous dire :

       Si le Roi m'avait donné
        Paris, sa grand-ville,
       et qu'il me fallût quitter   395
        L'amour de ma mie,
       Je dirais au roi Henri :
       « Reprenez votre Paris :
       J'aime mieux ma mie, au gué!
       J'aime mieux ma mie. »   400

La rime n'est pas riche, et le style en est vieux :
Mais ne voyez-vous pas que cela vaut bien mieux
Que ces colifichets dont le bon sens murmure,
Et que la passion parle là toute pure?

       Si le Roi m'avait donné   405
        Paris, sa grand-ville,
       Et qu'il me fallût quitter
        L'amour de ma mie,
       Je dirais au roi Henri :
       « Reprenez votre Paris :   410
       J'aime mieux ma mie, au gué!
       J'aime mieux ma mie. »

Voilà ce que peut dire un cœur vraiment épris.

                                  A Philinte.

Oui, Monsieur le rieur, malgré vos beaux esprits,

J'estime plus cela que la pompe fleurie   41:
De tous ces faux brillants, où chacun se récrie.

ORONTE

Et moi, je vous soutiens que mes vers sont fort bons.

ALCESTE

Pour les trouver ainsi vous avez vos raisons;
Mais vous trouverez bon que j'en puisse avoir d'autres,
Qui se dispenseront de se soumettre aux vôtres.   42•

ORONTE

Il me suffit de voir que d'autres en font cas.

ALCESTE

C'est qu'ils ont l'art de feindre; et moi, je ne l'ai pas.

ORONTE

Croyez-vous donc avoir tant d'esprit en partage?

ALCESTE

Si je louais vos vers, j'en aurais davantage.

ORONTE

Je me passerai bien que vous les approuviez.   42!

ALCESTE

Il faut bien, s'il vous plaît, que vous vous en passiez.

ORONTE

Je voudrais bien, pour voir, que, de votre manière,
Vous en composassiez sur la même matière.

ALCESTE

J'en pourrais, par malheur, faire d'aussi méchants;
Mais je me garderais de les montrer aux gens.   43•

ORONTE

Vous me parlez bien ferme, et cette suffisance...

ALCESTE

Autre part que chez moi cherchez qui vous encense.

ORONTE

Mais, mon petit Monsieur, prenez-le un peu moins haut.

ALCESTE

Ma foi! mon grand Monsieur, je le prends comme il faut.

PHILINTE, *se mettant entre deux.*

Eh! Messieurs, c'en est trop; laissez cela, de grâce.   435

ORONTE

Ah! j'ai tort, je l'avoue, et je quitte la place.
Je suis votre valet, Monsieur, de tout mon cœur.

ALCESTE

Et moi, je suis, Monsieur, votre humble serviteur.

SCÈNE III
PHILINTE, ALCESTE

PHILINTE

Hé bien! vous le voyez : pour être trop sincère,
Vous voilà sur les bras une fâcheuse affaire;   440
Et j'ai bien vu qu'Oronte, afin d'être flatté...

ALCESTE

Ne me parlez pas.

PHILINTE

Mais...

ALCESTE

Plus de société.

PHILINTE

C'est trop...

ALCESTE

Laissez-moi là.

PHILINTE

Si je...

ALCESTE

Point de langage.

PHILINTE

Mais quoi?...

ALCESTE

Je n'entends rien.

PHILINTE

Mais...

ALCESTE

Encore?

PHILINTE

On outrage...

ALCESTE

Ah! parbleu! c'en est trop; ne suivez point mes pas.

PHILINTE

Vous vous moquez de moi, je ne vous quitte pas.

ACTE II

SCÈNE I
ALCESTE, CÉLIMÈNE
ALCESTE

Madame, voulez-vous que je vous parle net?
De vos façons d'agir je suis mal satisfait;
Contre elles dans mon cœur trop de bile s'assemble,
Et je sens qu'il faudra que nous rompions ensemble.   450
Oui, je vous tromperais de parler autrement;
Tôt ou tard nous romprons indubitablement;
Et je vous promettrais mille fois le contraire
Que je ne serais pas en pouvoir de le faire.

CÉLIMÈNE

C'est pour me quereller donc, à ce que je vois,   455
Que vous avez voulu me ramener chez moi?

ALCESTE

Je ne querelle point, mais votre humeur, Madame,
Ouvre au premier venu trop d'accès dans votre âme :
Vous avez trop d'amants qu'on voit vous obséder,
Et mon cœur de cela ne peut s'accommoder.   460

CÉLIMÈNE

Des amants que je fais me rendez-vous coupable?
Puis-je empêcher les gens de me trouver aimable?

Et lorsque pour me voir ils font de doux efforts,
Dois-je prendre un bâton pour les mettre dehors?

ALCESTE

Non, ce n'est pas, Madame, un bâton qu'il faut prendre,   46
Mais un cœur à leurs vœux moins facile et moins tendre.
Je sais que vos appas vous suivent en tous lieux;
Mais votre accueil retient ceux qu'attirent vos yeux;
Et sa douceur offerte à qui vous rend les armes;
Achève sur les cœurs l'ouvrage de vos charmes.   47
Le trop riant espoir que vous leur présentez
Attache autour de vous leurs assiduités;
Et votre complaisance un peu moins étendue
De tant de soupirants chasserait la cohue.
Mais au moins dites-moi, Madame, par quel sort   47
Votre Clitandre a l'heur de vous plaire si fort?
Sur quels fonds de mérite et de vertu sublime
Appuyez-vous en lui l'honneur de votre estime?
Est-ce par l'ongle long qu'il porte au petit doigt
Qu'il s'est acquis chez vous l'estime où l'on le voit?   48
Vous êtes-vous rendue, avec tout le beau monde,
Au mérite éclatant de sa perruque blonde?
Sont-ce ses grands canons qui vous le font aimer?
L'amas de ses rubans a-t-il su vous charmer?
Est-ce par les appas de sa vaste rhingrave   48
Qu'il a gagné votre âme en faisant votre esclave?
Ou sa façon de rire et son ton de fausset
Ont-ils de vous toucher su trouver le secret?

CÉLIMÈNE

Qu'injustement de lui vous prenez de l'ombrage!
Ne savez-vous pas bien pourquoi je le ménage,   49
Et que dans mon procès, ainsi qu'il m'a promis,
Il peut intéresser tout ce qu'il a d'amis?

ALCESTE

Perdez votre procès, Madame, avec constance,
Et ne ménagez point un rival qui m'offense.

CÉLIMÈNE

Mais de tout l'univers vous devenez jaloux.   495

ALCESTE

C'est que tout l'univers est bien reçu de vous.

CÉLIMÈNE

C'est ce qui doit rasseoir votre âme effarouchée,
Puisque ma complaisance est sur tous épanchée;
Et vous auriez plus lieu de vous en offenser,
Si vous me la voyiez sur un seul ramasser.   500

ALCESTE

Mais moi, que vous blâmez de trop de jalousie,
Qu'ai-je de plus qu'eux tous, Madame, je vous prie?

CÉLIMÈNE

Le bonheur de savoir que vous êtes aimé.

ALCESTE

Et quel lieu de le croire a mon cœur enflammé?

CÉLIMÈNE

Je pense qu'ayant pris le soin de vous le dire,   505
Un aveu de la sorte a de quoi vous suffire.

ALCESTE

Mais qui m'assurera que, dans le même instant,
Vous n'en disiez peut-être aux autres tout autant?

CÉLIMÈNE

Certes, pour un amant, la fleurette est mignonne,
Et vous me traitez là de gentille personne.   510
Hé bien! pour vous ôter d'un semblable souci,
De tout ce que j'ai dit je me dédis ici,
Et rien ne saurait plus vous tromper que vous-même :
Soyez content.

ALCESTE

            Morbleu! faut-il que je vous aime!
Ah! que si de vos mains je rattrape mon cœur,   515

Je bénirai le Ciel de ce rare bonheur!
Je ne le cède pas, je fais tout mon possible
A rompre de ce cœur l'attachement terrible;
Mais mes plus grands efforts n'ont rien fait jusqu'ici,
Et c'est pour mes péchés que je vous aime ainsi.   5

CÉLIMÈNE

Il est vrai, votre ardeur est pour moi sans seconde.

ALCESTE

Oui, je puis là-dessus défier tout le monde.
Mon amour ne se peut concevoir, et jamais
Personne n'a, Madame, aimé comme je fais.

CÉLIMÈNE

En effet, la méthode en est toute nouvelle,   5
Car vous aimez les gens pour leur faire querelle;
Ce n'est qu'en mots fâcheux qu'éclate votre ardeur,
Et l'on n'a vu jamais un amour si grondeur.

ALCESTE

Mais il ne tient qu'à vous que son chagrin ne passe.
A tous nos démêlés coupons chemin, de grâce,   5
Parlons à cœur ouvert, et voyons d'arrêter...

SCÈNE II
CÉLIMÈNE, ALCESTE, BASQUE

CÉLIMÈNE

Qu'est-ce?

BASQUE

Acaste est là-bas.

CÉLIMÈNE

Hé bien! faites monter.

ALCESTE

Quoi? l'on ne peut jamais vous parler tête à tête?
A recevoir le monde on vous voit toujours prête?
Et vous ne pouvez pas, un seul moment de tous,   5
Vous résoudre à souffrir de n'être pas chez vous?

CÉLIMÈNE

Voulez-vous qu'avec lui je me fasse une affaire?

ALCESTE

Vous avez des regards qui ne sauraient me plaire.

CÉLIMÈNE

C'est un homme à jamais ne me le pardonner,
S'il savait que sa vue eût pu m'importuner.   540

ALCESTE

Et que vous fait cela, pour vous gêner de sorte...?

CÉLIMÈNE

Mon Dieu! de ses pareils la bienveillance importe;
Et ce sont de ces gens qui, je ne sais comment,
Ont gagné dans la cour de parler hautement.
Dans tous les entretiens on les voit s'introduire;   545
Ils ne sauraient servir, mais ils peuvent vous nuire;
Et jamais, quelque appui qu'on puisse avoir d'ailleurs,
On ne doit se brouiller avec ces grands brailleurs.

ALCESTE

Enfin, quoi qu'il en soit, et sur quoi qu'on se fonde,
Vous trouvez des raisons pour souffrir tout le monde;   550
Et les précautions de votre jugement...

SCÈNE III
BASQUE, ALCESTE, CÉLIMÈNE

BASQUE

Voici Clitandre encor, Madame.

>   ALCESTE. *Il témoigne s'en vouloir aller.*

>   Justement.

CÉLIMÈNE

Où courez-vous?

ALCESTE

>   Je sors.

CÉLIMÈNE

Demeurez.

ALCESTE

Pour quoi faire?

CÉLIMÈNE

Demeurez.

ALCESTE

Je ne puis.

CÉLIMÈNE

Je le veux.

ALCESTE

Point d'affaire.
Ces conversations ne font que m'ennuyer,   55
Et c'est trop que vouloir me les faire essuyer.

CÉLIMÈNE

Je le veux, je le veux.

ALCESTE

Non, il m'est impossible.

CÉLIMÈNE

Hé bien! allez, sortez, il vous est tout loisible.

SCÈNE IV
ÉLIANTE, PHILINTE, ACASTE,
CLITANDRE, ALCESTE, CÉLIMÈNE, BASQUE

ÉLIANTE

Voici les deux marquis qui montent avec nous :
Vous l'est-on venu dire?   56

CÉLIMÈNE

Oui. Des sièges pour tous.

A Alceste.

Vous n'êtes pas sorti?

ALCESTE

Non; mais je veux, Madame,
Ou pour eux, ou pour moi, faire expliquer votre âme.

CÉLIMÈNE

Taisez-vous.

ALCESTE

Aujourd'hui vous vous expliquerez.

CÉLIMÈNE

Vous perdez le sens.

ALCESTE

Point. Vous vous déclarerez.

CÉLIMÈNE

Ah!   565

ALCESTE

Vous prendrez parti.

CÉLIMÈNE

Vous vous moquez, je pense.

ALCESTE

Non; mais vous choisirez; c'est trop de patience.

CLITANDRE

Parbleu! je viens du Louvre, où Cléonte, au levé
Madame, a bien paru ridicule achevé.
N'a-t-il point quelque ami qui pût, sur ses manières,
D'un charitable avis lui prêter les lumières?   570

CÉLIMÈNE

Dans le monde, à vrai dire, il se barbouille fort,
Partout il porte un air qui saute aux yeux d'abord;
Et lorsqu'on le revoit après un peu d'absence,
On le retrouve encor plus plein d'extravagance.

ACASTE

Parbleu! s'il faut parler de gens extravagants,   575
Je viens d'en essuyer un des plus fatigants :

Damon, le raisonneur, qui m'a, ne vous déplaise,
Une heure, au grand soleil, tenu hors de ma chaise.

CÉLIMÈNE

C'est un parleur étrange, et qui trouve toujours
L'art de ne vous rien dire avec de grands discours ;
Dans les propos qu'il tient, on ne voit jamais goutte,
Et ce n'est que du bruit que tout ce qu'on écoute.

ÉLIANTE, à Philinte.

Ce début n'est pas mal, et contre le prochain
La conversation prend un assez bon train.

CLITANDRE

Timante encor, Madame, est un bon caractère.

CÉLIMÈNE

C'est de la tête aux pieds un homme tout mystère,
Qui vous jette en passant un coup d'œil égaré,
Et, sans aucune affaire, est toujours affairé.
Tout ce qu'il vous débite en grimaces abonde ;
A force de façons, il assomme le monde ;
Sans cesse, il a, tout bas, pour rompre l'entretien
Un secret à vous dire, et ce secret n'est rien ;
De la moindre vétille il fait une merveille,
Et, jusques au bonjour, il dit tout à l'oreille.

ACASTE

Et Géralde, Madame ?

CÉLIMÈNE

                    O l'ennuyeux conteur !
Jamais on ne le voit sortir du grand seigneur ;
Dans le brillant commerce il se mêle sans cesse,
Et ne cite jamais que duc, prince ou princesse :
La qualité l'entête ; et tous ses entretiens
Ne sont que de chevaux, d'équipage et de chiens,
Il tutaye en parlant ceux du plus haut étage,
Et le nom de Monsieur est chez lui hors d'usage.

CLITANDRE

On dit qu'avec Bélise il est du dernier bien.

CÉLIMÈNE

Le pauvre esprit de femme, et le sec entretien !
Lorsqu'elle vient me voir, je souffre le martyre :

Il faut suer sans cesse à chercher que lui dire,
Et la stérilité de son expression
Fait mourir à tous coups la conversation.
En vain, pour attaquer son stupide silence,
De tous les lieux communs vous prenez l'assistance :   610
Le beau temps et la pluie, et le froid et le chaud
Sont des fonds qu'avec elle on épuise bientôt.
Cependant sa visite, assez insupportable,
Traîne en une longueur encor épouvantable ;
Et l'on demande l'heure, et l'on bâille vingt fois,   615
Qu'elle grouille aussi peu qu'une pièce de bois.

ACASTE

Que vous semble d'Adraste ?

CÉLIMÈNE

                    Ah ! quel orgueil extrême !
C'est un homme gonflé de l'amour de soi-même.
Son mérite jamais n'est content de la cour :
Contre elle il fait métier de pester chaque jour,   620
Et l'on ne donne emploi, charge ni bénéfice,
Qu'à tout ce qu'il se croit on ne fasse injustice.

CLITANDRE

Mais le jeune Cléon, chez qui vont aujourd'hui
Nos plus honnêtes gens, que dites-vous de lui ?

CÉLIMÈNE

Que de son cuisinier il s'est fait un mérite,   625
Et que c'est à sa table à qui l'on rend visite.

ÉLIANTE

Il prend soin d'y servir des mets fort délicats.

CÉLIMÈNE

Oui ; mais je voudrais bien qu'il ne s'y servît pas :
C'est un fort méchant plat que sa sotte personne,
Et qui gâte, à mon goût, tout les repas qu'il donne.   630

PHILINTE

On fait assez de cas de son oncle Damis :
Qu'en dites-vous, Madame ?

CÉLIMÈNE

Il est de mes amis.

PHILINTE

Je le trouve honnête homme, et d'un air assez sage.

CÉLIMÈNE

Oui; mais il veut avoir trop d'esprit, dont j'enrage;
Il est guindé sans cesse; et dans tous ses propos,   63
On voit qu'il se travaille à dire de bons mots.
Depuis que dans la tête il s'est mis d'être habile,
Rien ne touche son goût, tant il est difficile;
Il veut voir des défauts à tout ce qu'on écrit,
Et pense que louer n'est pas d'un bel esprit,   6
Que c'est être savant que trouver à redire,
Qu'il n'appartient qu'aux sots d'admirer et de rire,
Et qu'en n'approuvant rien des ouvrages du temps,
Il se met au-dessus de tous les autres gens;
Aux conversations même il trouve à reprendre :   6
Ce sont propos trop bas pour y daigner descendre;
Et les deux bras croisés, du haut de son esprit
Il regarde en pitié tout ce que chacun dit.

ACASTE

Dieu me damne, voilà son portrait véritable.

CLITANDRE

Pour bien peindre les gens vous êtes admirable.   6

ALCESTE

Allons, ferme, poussez, mes bons amis de cour;
Vous n'en épargnez point, et chacun a son tour;
Cependant aucun d'eux à vos yeux ne se montre
Qu'on ne vous voie, en hâte, aller à sa rencontre,
Lui présenter la main, et d'un baiser flatteur   6
Appuyer les serments d'être son serviteur.

CLITANDRE

Pourquoi s'en prendre à nous? Si ce qu'on dit vous blesse,
Il faut que le reproche à Madame s'adresse.

ALCESTE

Non, morbleu! c'est à vous; et vos ris complaisants
Tirent de son esprit tous ces traits médisants.   660
Son humeur satirique est sans cesse nourrie
Par le coupable encens de votre flatterie;
Et son cœur à railler trouverait moins d'appas
S'il avait observé qu'on ne l'applaudît pas.
C'est ainsi qu'aux flatteurs on doit partout se prendre   665
Des vices où l'on voit les humains se répandre.

PHILINTE

Mais pourquoi pour ces gens un intérêt si grand,
Vous qui condamneriez ce qu'en eux on reprend?

CÉLIMÈNE

Et ne faut-il pas bien que Monsieur contredise?
A la commune voix veut-on qu'il se réduise,   670
Et qu'il ne fasse pas éclater en tous lieux
L'esprit contrariant qu'il a reçu des cieux?
Le sentiment d'autrui n'est jamais pour lui plaire;
Il prend toujours en main l'opinion contraire,
Et penserait paraître en homme du commun,   675
Si l'on voyait qu'il fût de l'avis de quelqu'un.
L'honneur de contredire a pour lui tant de charmes,
Qu'il prend contre lui-même assez souvent les armes;
Et ses vrais sentiments sont combattus par lui,
Aussitôt qu'il les voit dans la bouche d'autrui.   680

ALCESTE

Les rieurs sont pour vous, Madame, c'est tout dire,
Et vous pouvez pousser contre moi la satire.

PHILINTE

Mais il est véritable aussi que votre esprit
Se gendarme toujours contre tout ce qu'on dit,
Et que, par un chagrin que lui-même il avoue,   685
Il ne saurait souffrir qu'on blâme, ni qu'on loue.

ALCESTE

C'est que jamais, morbleu! les hommes n'ont raison,
Que le chagrin contre eux est toujours de saison,

Et que je vois qu'ils sont, sur toutes les affaires,
Loueurs impertinents, ou censeurs téméraires.   6

CÉLIMÈNE

Mais...

ALCESTE

        Non, Madame, non : quand j'en devrais mourir,
Vous avez des plaisirs que je ne puis souffrir;
Et l'on a tort ici de nourrir dans votre âme
Ce grand attachement aux défauts qu'on y blâme.

CLITANDRE

Pour moi, je ne sais pas, mais j'avouerai tout haut   6
Que j'ai cru jusqu'ici Madame sans défaut.

ACASTE

De grâces et d'attraits je vois qu'elle est pourvue;
Mais les défauts qu'elle a ne frappent point ma vue.

ALCESTE

Ils frappent tous la mienne; et loin de m'en cacher,
Elle sait que j'ai soin de les lui reprocher.   7
Plus on aime quelqu'un, moins il faut qu'on le flatte;
A ne rien pardonner le pur amour éclate;
Et je bannirais, moi, tous ces lâches amants
Que je verrais soumis à tous mes sentiments,
Et dont, à tous propos, les molles complaisances   7
Donneraient de l'encens à mes extravagances.

CÉLIMÈNE

Enfin, s'il faut qu'à vous s'en rapportent les cœurs,
On doit, pour bien aimer, renoncer aux douceurs,
Et du parfait amour mettre l'honneur suprême
A bien injurier les personnes qu'on aime.   7

ÉLIANTE

L'amour, pour l'ordinaire, est peu fait à ces lois,
Et l'on voit les amants vanter toujours leurs choix;
Jamais leur passion n'y voit rien de blâmable,
Et dans l'objet aimé tout leur devient aimable :
Ils comptent les défauts pour des perfections,   7

Et savent y donner de favorables noms.
La pâle est aux jasmins en blancheur comparable;
La noire à faire peur, une brune adorable;
La maigre a de la taille et de la liberté;
La grasse est dans son port pleine de majesté;   720
La malpropre sur soi, de peu d'attraits chargée,
Est mise sous le nom de beauté négligée;
La géante paraît une déesse aux yeux;
La naine, un abrégé des merveilles des cieux;
L'orgueilleuse a le cœur digne d'une couronne;   725
La fourbe a de l'esprit; la sotte est toute bonne;
La trop grande parleuse est d'agréable humeur;
Et la muette garde une honnête pudeur.
C'est ainsi qu'un amant dont l'ardeur est extrême
Aime jusqu'aux défauts des personnes qu'il aime.   730

                              ALCESTE
Et moi, je soutiens, moi...

                              CÉLIMÈNE
                    Brisons là ce discours,
Et dans la galerie allons faire deux tours.
Quoi? vous vous en allez, Messieurs?

                    CLITANDRE ET ACASTE
                              Non pas, Madame.

                              ALCESTE
La peur de leur départ occupe fort votre âme.
Sortez quand vous voudrez, Messieurs; mais j'avertis   735
Que je ne sors qu'après que vous serez sortis.

                              ACASTE
A moins de voir Madame en être importunée,
Rien ne m'appelle ailleurs de toute la journée.

                              CLITANDRE
Moi, pourvu que je puisse être au petit couché,
Je n'ai point d'autre affaire où je sois attaché.   740

                              CÉLIMÈNE
C'est pour rire, je crois.

                              ALCESTE
                    Non, en aucune sorte:
Nous verrons si c'est moi que vous voudrez qui sorte.

SCÈNE V
BASQUE, ALCESTE, CÉLIMÈNE, ÉLIANTE,
ACASTE, PHILINTE, CLITANDRE

BASQUE

Monsieur, un homme est là qui voudrait vous parler,
Pour affaire, dit-il, qu'on ne peut reculer.

ALCESTE

Dis-lui que je n'ai point d'affaires si pressées.   74

BASQUE

Il porte une jaquette à grands-basques plissées,
Avec du dor dessus.

CÉLIMÈNE

Allez voir ce que c'est,
Ou bien faites-le entrer.

ALCESTE

Qu'est-ce donc qu'il vous plaît?
Venez, Monsieur.

SCÈNE VI
GARDE, ALCESTE, CÉLIMÈNE,
ÉLIANTE, ACASTE, PHILINTE, CLITANDRE

GARDE

Monsieur, j'ai deux mots à vous dire.

ALCESTE

Vous pouvez parler haut, Monsieur, pour m'en instruire.   75

GARDE

Messieurs les Maréchaux, dont j'ai commandement,
Vous mandent de venir les trouver promptement,
Monsieur.

ALCESTE

Qui? moi, Monsieur?

GARDE

Vous-même.

ALCESTE

                              Et pour quoi faire ?

PHILINTE

C'est d'Oronte et de vous la ridicule affaire.

CÉLIMÈNE

Comment ?   755

PHILINTE

                    Oronte et lui se sont tantôt bravés
Sur certains petits vers, qu'il n'a pas approuvés ;
Et l'on veut assoupir la chose en sa naissance.

ALCESTE

Moi, je n'aurai jamais de lâche complaisance.

PHILINTE

Mais il faut suivre l'ordre : allons, disposez-vous...

ALCESTE

Quel accommodement veut-on faire entre nous ?   760
La voix de ces Messieurs me condamnera-t-elle
A trouver bons les vers qui font notre querelle ?
Je ne me dédis point de ce que j'en ai dit,
Je les trouve méchants.

PHILINTE

                            Mais, d'un plus doux esprit...

ALCESTE

Je n'en démordrai point : les vers sont exécrables.   765

PHILINTE

Vous devez faire voir des sentiments traitables.
Allons, venez.

ALCESTE

                    J'irai ; mais rien n'aura pouvoir
De me faire dédire.

PHILINTE

                    Allons vous faire voir.

ALCESTE

Hors qu'un commandement exprès du Roi me vienne
De trouver bons les vers dont on se met en peine,   7
Je soutiendrai toujours, morbleu! qu'ils sont mauvais,
Et qu'un homme est pendable après les avoir faits.

A Clitandre et Acaste, qui rient.

Par la sangbleu! Messieurs, je ne croyais pas être
Si plaisant que je suis.

CÉLIMÈNE

Allez vite paraître
Où vous devez.   7

ALCESTE

J'y vais, Madame, et sur mes pas
Je reviens en ce lieu, pour vider nos débats.

ACTE III

SCÈNE I
CLITANDRE, ACASTE

CLITANDRE

Cher Marquis, je te vois l'âme bien satisfaite :
Toute chose t'égaye, et rien ne t'inquiète.
En bonne foi, crois-tu, sans t'éblouir les yeux,
Avoir de grands sujets de paraître joyeux ?   780

ACASTE

Parbleu ! je ne vois pas, lorsque je m'examine,
Où prendre aucun sujet d'avoir l'âme chagrine.
J'ai du bien, je suis jeune, et sors d'une maison
Qui se peut dire noble avec quelque raison ;
Et je crois, par le sang que me donne ma race,   785
Qu'il est fort peu d'emplois dont je ne sois en passe.
Pour le cœur, dont sur tout nous devons faire cas,
On sait, sans vanité, que je n'en manque pas,
Et l'on m'a vu pousser, dans le monde, une affaire
D'une assez vigoureuse et gaillarde manière.   790
Pour de l'esprit, j'en ai sans doute, et du bon goût
A juger sans étude et raisonner de tout,
A faire aux nouveautés, dont je suis idolâtre,
Figure de savant sur les bancs du théâtre,

Y décider en chef, et faire du fracas   7⁹
A tous les beaux endroits qui méritent des Ah!
Je suis assez adroit; j'ai bon air, bonne mine,
Les dents belles surtout, et la taille fort fine.
Quant à se mettre bien, je crois, sans me flatter,
Qu'on serait mal venu de me le disputer.   8(
Je me vois dans l'estime autant qu'on y puisse être,
Fort aimé du beau sexe, et bien auprès du maître.
Je crois qu'avec cela, mon cher Marquis, je crois
Qu'on peut, par tout pays, être content de soi.

CLITANDRE

Oui; mais, trouvant ailleurs des conquêtes faciles,   8(
Pourquoi pousser ici des soupirs inutiles?
Moi? Parbleu! je ne suis de taille ni d'humeur
A pouvoir d'une belle essuyer la froideur.
C'est aux gens mal tournés, aux mérites vulgaires,
A brûler constamment pour des beautés sévères,   8(
A languir à leurs pieds et souffrir leurs rigueurs,
A chercher le secours des soupirs et des pleurs,
Et tâcher, par des soins d'une très longue suite,
D'obtenir ce qu'on nie à leur peu de mérite.
Mais les gens de mon air, Marquis, ne sont pas faits   8(
Pour aimer à crédit, et faire tous les frais.
Quelque rare que soit le mérite des belles,
Je pense, Dieu merci! qu'on vaut son prix comme elles,
Que pour se faire honneur d'un cœur comme le mien,
Ce n'est pas la raison qu'il ne leur coûte rien.   8²
Et qu'au moins, à tout mettre en de justes balances,
Il faut qu'à frais communs se fassent les avances.

CLITANDRE

Tu penses donc, Marquis, être fort bien ici?

ACASTE

J'ai quelque lieu, Marquis, de le penser ainsi.

CLITANDRE

Crois-moi, détache-toi de cette erreur extrême;   8²
Tu te flattes, mon cher, et t'aveugles toi-même.

ACASTE

Il est vrai, je me flatte et m'aveugle en effet.

CLITANDRE

Mais qui te fait juger ton bonheur si parfait ?

ACASTE

Je me flatte.

CLITANDRE

Sur quoi fonder tes conjectures ?

ACASTE

Je m'aveugle.   830

CLITANDRE

En as-tu des preuves qui soient sûres ?

ACASTE

Je m'abuse, te dis-je.

CLITANDRE

Est-ce que de ses vœux
Célimène t'a fait quelques secrets aveux ?

ACASTE

Non, je suis maltraité.

CLITANDRE

Réponds-moi, je te prie.

ACASTE

Je n'ai que des rebuts.

CLITANDRE

Laissons la raillerie.
Et me dis quel espoir on peut t'avoir donné.   835

ACASTE

Je suis le misérable, et toi le fortuné :
On a pour ma personne une aversion grande,

Et quelqu'un de ces jours il faut que je me pende.

CLITANDRE

O çà, veux-tu, Marquis, pour ajuster nos vœux,
Que nous tombions d'accord d'une chose tous deux?   8
Que qui pourra montrer une marque certaine
D'avoir meilleure part au cœur de Célimène,
L'autre ici fera place au vainqueur prétendu,
Et le délivrera d'un rival assidu?

ACASTE

Ah! parbleu! tu me plais avec un tel langage,   8
Et du bon de mon cœur à cela je m'engage.
Mais, chut!

SCÈNE II
CÉLIMÈNE, ACASTE, CLITANDRE

CÉLIMÈNE

Encore ici?

CLITANDRE

L'amour retient nos pas.

CÉLIMÈNE

Je viens d'ouïr entrer un carrosse là-bas :
Savez-vous qui c'est?

CLITANDRE

Non.

SCÈNE III
BASQUE, CÉLIMÈNE, ACASTE,
CLITANDRE

BASQUE

Arsinoé, Madame,
Monte ici pour vous voir.   8

CÉLIMÈNE

Que me veut cette femme?

BASQUE

Éliante là-bas est à l'entretenir.

CÉLIMÈNE

De quoi s'avise-t-elle et qui la fait venir?

ACASTE

Pour prude consommée en tous lieux elle passe,
Et l'ardeur de son zèle...

CÉLIMÈNE

Oui, oui, franche grimace :
Dans l'âme elle est du monde, et ses soins tentent tout   855
Pour accrocher quelqu'un, sans en venir à bout.
Elle ne saurait voir qu'avec un œil d'envie
Les amants déclarés dont une autre est suivie;
Et son triste mérite, abandonné de tous,
Contre le siècle aveugle est toujours en courroux.   860
Elle tâche à couvrir d'un faux voile de prude
Ce que chez elle on voit d'affreuse solitude;
Et pour sauver l'honneur de ses faibles appas,
Elle attache du crime au pouvoir qu'ils n'ont pas.
Cependant un amant plairait fort à la dame,   865
Et même pour Alceste elle a tendresse d'âme.
Ce qu'il me rend de soins outrage ses attraits,
Elle veut que ce soit un vol que je lui fais;
Et son jaloux dépit, qu'avec peine elle cache,
En tous endroits, sous main, contre moi se détache.   870
Enfin je n'ai rien vu de si sot à mon gré,
Elle est impertinente au suprême degré,
Et...

SCÈNE IV
ARSINOÉ, CÉLIMÈNE

CÉLIMÈNE

Ah! quel heureux sort en ce lieu vous amène?
Madame, sans mentir, j'étais de vous en peine.

ARSINOÉ

Je viens pour quelque avis que j'ai cru vous devoir   87

CÉLIMÈNE

Ah! mon Dieu! que je suis contente de vous voir!

ARSINOÉ

Leur départ ne pouvait plus à propos se faire.

CÉLIMÈNE

Voulons-nous nous asseoir?

ARSINOÉ

                    Il n'est pas nécessaire,
Madame. L'amitié doit surtout éclater
Aux choses qui le plus nous peuvent importer;   88
Et comme il n'en est point de plus grande importance
Que celles de l'honneur et de la bienséance,
Je viens, par un avis qui touche votre honneur,
Témoigner l'amitié que pour vous a mon cœur.
Hier j'étais chez des gens de vertu singulière,   88
Où sur vous du discours on tourna la matière;
Et là, votre conduite, avec ses grands éclats,
Madame, eut le malheur qu'on ne la loua pas.
Cette foule de gens dont vous souffrez visite,
Votre galanterie, et les bruits qu'elle excite   89
Trouvèrent des censeurs plus qu'il n'aurait fallu,
Et bien plus rigoureux que je n'eusse voulu.
Vous pouvez bien penser quel parti je sus prendre :
Je fis ce que je pus pour vous pouvoir défendre,
Je vous excusai fort sur votre intention,   89
Et voulus de votre âme être la caution.
Mais vous savez qu'il est des choses dans la vie
Qu'on ne peut excuser, quoiqu'on en ait envie;
Et je me vis contrainte à demeurer d'accord
Que l'air dont vous viviez vous faisait un peu tort,   90
Qu'il prenait dans le monde une méchante face,
Qu'il n'est conte fâcheux que partout on n'en fasse,
Et que, si vous vouliez, tous vos déportements
Pourraient moins donner prise aux mauvais jugements.

Non que j'y croie, au fond, l'honnêteté blessée :   905
Me préserve le Ciel d'en avoir la pensée !
Mais aux ombres du crime on prête aisément foi,
Et ce n'est pas assez de bien vivre pour soi.
Madame, je vous crois l'âme trop raisonnable,
Pour ne pas prendre bien cet avis profitable,   910
Et pour l'attribuer qu'aux mouvements secrets
D'un zèle qui m'attache à tous vos intérêts.

CÉLIMÈNE

Madame, j'ai beaucoup de grâces à vous rendre :
Un tel avis m'oblige, et loin de le mal prendre,
J'en prétends reconnaître, à l'instant, la faveur,   915
Pour un avis aussi qui touche votre honneur ;
Et comme je vous vois vous montrer mon amie
En m'apprenant les bruits que de moi l'on publie,
Je veux suivre, à mon tour, un exemple si doux,
En vous avertissant de ce qu'on dit de vous.   920
En un lieu, l'autre jour, où je faisais visite,
Je trouvai quelques gens d'un très rare mérite,
Qui, parlant des vrais soins d'une âme qui vit bien,
Firent tomber sur vous, Madame, l'entretien.
Là, votre pruderie et vos éclats de zèle   925
Ne furent pas cités comme un fort bon modèle :
Cette affectation d'un grave extérieur,
Vos discours éternels de sagesse et d'honneur,
Vos mines et vos cris aux ombres d'indécence
Que d'un mot ambigu peut avoir l'innocence,   930
Cette hauteur d'estime où vous êtes de vous,
Et ces yeux de pitié que vous jetez sur tous,
Vos fréquentes leçons, et vos aigres censures
Sur des choses qui sont innocentes et pures,
Tout cela, si je puis vous parler franchement,   935
Madame, fut blâmé d'un commun sentiment.
A quoi bon, disaient-ils, cette mine modeste,
Et ce sage dehors que dément tout le reste ?
Elle est à bien prier exacte au dernier point ;
Mais elle bat ses gens, et ne les paye point.   940
Dans tous les lieux dévots elle étale un grand zèle :
Mais elle met du blanc et veut paraître belle.
Elle fait des tableaux couvrir les nudités ;

Mais elle a de l'amour pour les réalités.
Pour moi, contre chacun je pris votre défense,   94
Et leur assurai fort que c'était médisance;
Mais tous les sentiments combattirent le mien;
Et leur conclusion fut que vous feriez bien
De prendre moins de soin des actions des autres,
Et de vous mettre un peu plus en peine des vôtres;   95
Qu'on doit se regarder soi-même un fort long temps,
Avant que de songer à condamner les gens;
Qu'il faut mettre le poids d'une vie exemplaire
Dans les corrections qu'aux autres on veut faire;
Et qu'encor vaut-il mieux s'en remettre, au besoin,   95
A ceux à qui le Ciel en a commis le soin.
Madame, je vous crois aussi trop raisonnable,
Pour ne pas prendre bien cet avis profitable,
Et pour l'attribuer qu'aux mouvements secrets
D'un zèle qui m'attache à tous vos intérêts.   96

ARSINOÉ

A quoi qu'en reprenant on soit assujettie,
Je ne m'attendais pas à cette repartie,
Madame, et je vois bien, par ce qu'elle a d'aigreur,
Que mon sincère avis vous a blessée au cœur.

CÉLIMÈNE

Au contraire, Madame; et si l'on était sage,   965
Ces avis mutuels seraient mis en usage :
On détruirait par là, traitant de bonne foi,
Ce grand aveuglement où chacun est pour soi.
Il ne tiendra qu'à vous qu'avec le même zèle
Nous ne continuions cet office fidèle,   97(
Et ne prenions grand soin de nous dire, entre nous,
Ce que nous entendrons, vous de moi, moi de vous.

ARSINOÉ

Ah! Madame, de vous je ne puis rien entendre :
C'est en moi que l'on peut trouver fort à reprendre.

CÉLIMÈNE

Madame, on peut, je crois, louer et blâmer tout,   975
Et chacun a raison suivant l'âge et le goût.

Il est une saison pour la galanterie ;
Il en est une aussi propre à la prudence.
On peut, par politique, en prendre le parti,
Quand de nos jeunes ans l'éclat est amorti :   980
Cela sert à couvrir de fâcheuses disgrâces.
Je ne dis pas qu'un jour je ne suive vos traces :
L'âge amènera tout, et ce n'est pas le temps,
Madame, comme on sait, d'être prude à vingt ans.

ARSINOÉ

Certes, vous vous targuez d'un bien faible avantage,   985
Et vous faites sonner terriblement votre âge.
Ce que de plus que vous on en pourrait avoir
N'est pas un si grand cas pour s'en tant prévaloir ;
Et je ne sais pourquoi votre âme ainsi s'emporte,
Madame, à me pousser de cette étrange sorte.   990

CÉLIMÈNE

Et moi, je ne sais pas, Madame, aussi pourquoi
On vous voit, en tous lieux, vous déchaîner sur moi.
Faut-il de vos chagrins, sans cesse, à moi vous prendre ?
Et puis-je mais des soins qu'on ne va pas vous rendre ?
Si ma personne aux gens inspire de l'amour,   995
Et si l'on continue à m'offrir chaque jour
Des vœux que votre cœur peut souhaiter qu'on m'ôte,
Je n'y saurais que faire, et ce n'est pas ma faute :
Vous avez le champ libre, et je n'empêche pas
Que pour les attirer vous n'ayez des appas.   1000

ARSINOÉ

Hélas ! et croyez-vous que l'on se mette en peine
De ce nombre d'amants dont vous faites la vaine,
Et qu'il ne nous soit pas fort aisé de juger
A quel prix aujourd'hui l'on peut les engager ?
Pensez-vous faire croire, à voir comme tout roule,   1005
Que votre seul mérite attire cette foule ?
Qu'ils ne brûlent pour vous que d'un honnête amour,
Et que pour vos vertus ils vous font tous la cour ?
On ne s'aveugle point par de vaines défaites,
Le monde n'est point dupe ; et j'en vois qui sont faites 1010
A pouvoir inspirer de tendres sentiments,

Qui chez elles pourtant ne fixent point d'amants ;
Et de là nous pouvons tirer des conséquences,
Qu'on n'acquiert point les cœurs sans de grandes avances,
Qu'aucun pour nos beaux yeux n'est notre soupirant,   10
Et qu'il faut acheter tous les soins qu'on nous rend.
Ne vous enflez donc point d'une si grande gloire
Pour les petits brillants d'une faible victoire ;
Et corrigez un peu l'orgueil de vos appas,
De traiter pour cela les gens de haut en bas.   102
Si nos yeux enviaient les conquêtes des vôtres,
Je pense qu'on pourrait faire comme les autres,
Ne se point ménager, et vous faire bien voir
Que l'on a des amants quand on en veut avoir.

CÉLIMÈNE

Ayez-en donc, Madame, et voyons cette affaire :   10.
Par ce rare secret efforcez-vous de plaire ;
Et sans...

ARSINOÉ

                Brisons, Madame, un pareil entretien :
Il pousserait trop loin votre esprit et le mien ;
Et j'aurais pris déjà le congé qu'il faut prendre,
Si mon carrosse encor ne m'obligeait d'attendre.   103

CÉLIMÈNE

Autant qu'il vous plaira vous pouvez arrêter,
Madame, et là-dessus rien ne doit vous hâter ;
Mais, sans vous fatiguer de ma cérémonie,
Je m'en vais vous donner meilleure compagnie ;
Et Monsieur, qu'à propos le hasard fait venir,   10
Remplira mieux ma place à vous entretenir.
Alceste, il faut que j'aille écrire un mot de lettre,
Que, sans me faire tort, je ne saurais remettre.
Soyez avec Madame : elle aura la bonté
D'excuser aisément mon incivilité.   104

SCÈNE V
ALCESTE, ARSINOÉ

ARSINOÉ

Vous voyez, elle veut que je vous entretienne,
Attendant un moment que mon carrosse vienne ;

Et jamais tous ses soins ne pouvaient m'offrir rien
Qui me fût plus charmant qu'un pareil entretien.
En vérité, les gens d'un mérite sublime   1045
Entraînent de chacun et l'amour et l'estime ;
Et le vôtre, sans doute, a des charmes secrets
Qui font entrer mon cœur dans tous vos intérêts.
Je voudrais que la cour, par un regard propice,
A ce que vous valez rendît plus de justice :   1050
Vous avez à vous plaindre, et je suis en courroux,
Quand je vois chaque jour qu'on ne fait rien pour vous.

ALCESTE

Moi, Madame ! Et sur quoi pourrais-je en rien prétendre ?
Quel service à l'État est-ce qu'on m'a vu rendre ?
Qu'ai-je fait, s'il vous plaît, de si brillant de soi,   1055
Pour me plaindre à la cour qu'on ne fait rien pour moi ?

ARSINOÉ

Tous ceux sur qui la cour jette des yeux propices
N'ont pas toujours rendu de ces fameux services.
Il faut l'occasion, ainsi que le pouvoir ;
Et le mérite enfin que vous nous faites voir   1060
Devrait...

ALCESTE

     Mon Dieu ! laissons mon mérite, de grâce ;
De quoi voulez-vous là que la cour s'embarrasse ?
Elle aurait fort à faire, et ses soins seraient grands
D'avoir à déterrer le mérite des gens.

ARSINOÉ

Un mérite éclatant se déterre lui-même ;   1065
Du vôtre, en bien des lieux, on fait un cas extrême ;
Et vous saurez de moi qu'en deux fort bons endroits
Vous fûtes hier loué par des gens d'un grand poids.

ALCESTE

Eh ! Madame, l'on loue aujourd'hui tout le monde,
Et le siècle par là n'a rien qu'on ne confonde :   1070
Tout est d'un grand mérite également doué,
Ce n'est plus un bonheur que de se voir loué ;

D'éloges on regorge, à la tête on les jette,
Et mon valet de chambre est mis dans la Gazette.

ARSINOÉ

Pour moi, je voudrais bien que, pour vous montrer mieux,   10
Une charge à la cour vous pût frapper les yeux.
Pour peu que d'y songer vous nous fassiez les mines,
On peut pour vous servir remuer des machines,
Et j'ai des gens en main que j'emploierai pour vous,
Qui vous feront à tout un chemin assez doux.   10

ALCESTE

Et que voudriez-vous, Madame, que j'y fisse?
L'humeur dont je me sens veut que je m'en bannisse.
Le Ciel ne m'a point fait, en me donnant le jour,
Une âme compatible avec l'air de la cour;
Je ne me trouve point les vertus nécessaires   10
Pour y bien réussir et faire mes affaires.
Être franc et sincère est mon plus grand talent;
Je ne sais point jouer les hommes en parlant;
Et qui n'a pas le don de cacher ce qu'il pense
Doit faire en ce pays fort peu de résidence.   10
Hors de la cour, sans doute, on n'a pas cet appui,
Et ces titres d'honneur qu'elle donne aujourd'hui;
Mais on n'a pas aussi, perdant ces avantages,
Le chagrin de jouer de fort sots personnages :
On n'a point à souffrir mille rebuts cruels,   10
On n'a point à louer les vers de Messieurs tels,
A donner de l'encens à Madame une telle,
Et de nos francs marquis essuyer la cervelle.

ARSINOÉ

Laissons, puisqu'il vous plaît, ce chapitre de cour;
Mais il faut que mon cœur vous plaigne en votre amour,   11
Et pour vous découvrir là-dessus mes pensées,
Je souhaiterais fort vos ardeurs mieux placées.
Vous méritez, sans doute, un sort beaucoup plus doux,
Et celle qui vous charme est indigne de vous.

ALCESTE

Mais, en disant cela, songez-vous, je vous prie,   11
Que cette personne est, Madame, votre amie?

ARSINOÉ

Oui ; mais ma conscience est blessée en effet
De souffrir plus longtemps le tort que l'on vous fait ;
L'état où je vous vois afflige trop mon âme,
Et je vous donne avis qu'on trahit votre flamme.   1110

ALCESTE

C'est me montrer, Madame, un tendre mouvement,
Et de pareils avis obligent un amant !

ARSINOÉ

Oui, toute mon amie, elle est et je la nomme
Indigne d'asservir le cœur d'un galant homme ;
Et le sien n'a pour vous que de feintes douceurs.   1115

ALCESTE

Cela se peut, Madame : on ne voit pas les cœurs ;
Mais votre charité se serait bien passée
De jeter dans le mien une telle pensée.

ARSINOÉ

Si vous ne voulez pas être désabusé,
Il faut ne vous rien dire, il est assez aisé.   1120

ALCESTE

Non ; mais sur ce sujet quoi que l'on nous expose,
Les doutes sont fâcheux plus que toute autre chose ;
Et je voudrais, pour moi, qu'on ne me fît savoir
Que ce qu'avec clarté l'on peut me faire voir.

ARSINOÉ

Hé bien ! c'est assez dit ; et sur cette matière   1125
Vous allez recevoir une pleine lumière.
Oui, je veux que de tout vos yeux vous fassent foi :
Donnez-moi seulement la main jusque chez moi ;
Là je vous ferai voir une preuve fidèle
De l'infidélité du cœur de votre belle ;   1130
Et si pour d'autres yeux le vôtre peut brûler,
On pourra vous offrir de quoi vous consoler.

ACTE IV

SCÈNE I
ÉLIANTE, PHILINTE
PHILINTE

Non, l'on n'a point vu d'âme à manier si dure,
Ni d'accommodement plus pénible à conclure :
En vain de tous côtés on l'a voulu tourner,   1135
Hors de son sentiment on n'a pu l'entraîner ;
Et jamais différend si bizarre, je pense,
N'avait de ces Messieurs occupé la prudence.
« Non, Messieurs, disait-il, je ne me dédis point,
Et tomberai d'accord de tout, hors de ce point.   1140
De quoi s'offense-t-il ? et que veut-il me dire ?
Y va-t-il de sa gloire à ne pas bien écrire ?
Que lui fait mon avis, qu'il a pris de travers ?
On peut être honnête homme et faire mal des vers :
Ce n'est point à l'honneur que touchent ces matières ;   1145
Je le tiens galant homme en toutes les manières,
Homme de qualité, de mérite et de cœur,
Tout ce qu'il vous plaira, mais fort méchant auteur.
Je louerai, si l'on veut, son train et sa dépense,
Son adresse à cheval, aux armes, à la danse ;   1150
Mais pour louer ses vers, je suis son serviteur ;
Et lorsque d'en mieux faire on n'a pas le bonheur,

On ne doit de rimer avoir aucune envie,
Qu'on n'y soit condamné sur peine de la vie. »
Enfin toute la grâce et l'accommodement   115
Où s'est, avec effort, plié son sentiment,
C'est de dire, croyant adoucir bien son style :
« Monsieur, je suis fâché d'être si difficile,
Et pour l'amour de vous, je voudrais, de bon cœur,
Avoir trouvé tantôt votre sonnet meilleur. »   116
Et dans une embrassade, on leur a, pour conclure,
Fait vite envelopper toute la procédure.

ÉLIANTE

Dans ses façons d'agir, il est fort singulier ;
Mais j'en fais, je l'avoue, un cas particulier,
Et la sincérité dont son âme se pique   116
A quelque chose, en soi, de noble et d'héroïque.
C'est une vertu rare au siècle d'aujourd'hui,
Et je la voudrais voir partout comme chez lui.

PHILINTE

Pour moi, plus je le vois, plus surtout je m'étonne
De cette passion où son cœur s'abandonne :   117
De l'humeur dont le Ciel a voulu le former,
Je ne sais pas comment il s'avise d'aimer ;
Et je sais moins encor comment votre cousine
Peut être la personne où son penchant l'incline.

ÉLIANTE

Cela fait assez voir que l'amour, dans les cœurs,   117
N'est pas toujours produit par un rapport d'humeurs
Et toutes ces raisons de douces sympathies
Dans cet exemple-ci se trouvent démenties.

PHILINTE

Mais croyez-vous qu'on l'aime, aux choses qu'on peut
                                        [voir ?

ÉLIANTE

C'est un point qu'il n'est pas fort aisé de savoir.   118
Comment pouvoir juger s'il est vrai qu'elle l'aime ?
Son cœur de ce qu'il sent n'est pas bien sûr lui-même ;

Il aime quelquefois sans qu'il le sache bien,
Et croit aimer aussi parfois qu'il n'en est rien.

PHILINTE

Je crois que notre ami, près de cette cousine,   1185
Trouvera des chagrins plus qu'il ne s'imagine ;
Et s'il avait mon cœur, à dire vérité,
Il tournerait ses vœux tout d'un autre côté,
Et par un choix plus juste, on le verrait, Madame,
Profiter des bontés que lui montre votre âme.   1190

ÉLIANTE

Pour moi, je n'en fais point de façons, et je crois
Qu'on doit, sur de tels points, être de bonne foi :
Je ne m'oppose point à toute sa tendresse ;
Au contraire, mon cœur pour elle s'intéresse ;
Et si c'était qu'à moi la chose pût tenir,   1195
Moi-même à ce qu'il aime on me verrait l'unir.
Mais si dans un tel choix, comme tout se peut faire,
Son amour éprouvait quelque destin contraire,
S'il fallait que d'un autre on couronnât les feux,
Je pourrais me résoudre à recevoir ses vœux ;   1200
Et le refus souffert, en pareille occurrence,
Ne m'y ferait trouver aucune répugnance.

PHILINTE

Et moi, de mon côté, je ne m'oppose pas,
Madame, à ces bontés qu'ont pour lui vos appas ;
Et lui-même, s'il veut, il peut bien vous instruire   1205
De ce que là-dessus j'ai pris soin de lui dire.
Mais si, par un hymen qui les joindrait eux deux,
Vous étiez hors d'état de recevoir ses vœux,
Tous les miens tenteraient la faveur éclatante
Qu'avec tant de bonté votre âme lui présente :   1210
Heureux si, quand son cœur s'y pourra dérober,
Elle pouvait sur moi, Madame, retomber.

ÉLIANTE

Vous vous divertissez, Philinte.

PHILINTE

                                   Non, Madame,
Et je vous parle ici du meilleur de mon âme,

J'attends l'occasion de m'offrir hautement,   12
Et de tous mes souhaits j'en presse le moment.

SCÈNE II
ALCESTE, ÉLIANTE, PHILINTE

ALCESTE

Ah! faites-moi raison, Madame, d'une offense
Qui vient de triompher de toute ma constance.

ÉLIANTE

Qu'est-ce donc? Qu'avez-vous qui vous puisse émouvoir?

ALCESTE

J'ai ce que sans mourir je ne puis concevoir;   12
Et le déchaînement de toute la nature
Ne m'accablerait pas comme cette aventure.
C'en est fait... Mon amour... Je ne saurais parler.

ÉLIANTE

Que votre esprit un peu tâche à se rappeler.

ALCESTE

O juste Ciel! faut-il qu'on joigne à tant de grâces   1.
Les vices odieux des âmes les plus basses?

ÉLIANTE

Mais encor qui vous peut...?

ALCESTE

                        Ah! tout est ruiné;
Je suis, je suis trahi, je suis assassiné :
Célimène... Eût-on pu croire cette nouvelle?
Célimène me trompe et n'est qu'une infidèle.   1.

ÉLIANTE

Avez-vous, pour le croire, un juste fondement?

PHILINTE

Peut-être est-ce un soupçon conçu légèrement,
Et votre esprit jaloux prend parfois des chimères.

ALCESTE

Ah, morbleu! mêlez-vous, Monsieur, de vos affaires.
C'est de sa trahison n'être que trop certain,   1

Que l'avoir, dans ma poche, écrite de sa main.
Oui, Madame, une lettre écrite pour Oronte
A produit à mes yeux ma disgrâce et sa honte :
Oronte, dont j'ai cru qu'elle fuyait les soins,
Et que de mes rivaux je redoutais le moins.   1240

PHILINTE

Une lettre peut bien tromper par l'apparence,
Et n'est pas quelquefois si coupable qu'on pense.

ALCESTE

Monsieur, encore un coup, laissez-moi, s'il vous plaît,
Et ne prenez souci que de votre intérêt.

ÉLIANTE

Vous devez modérer vos transports, et l'outrage...   1245

ALCESTE

Madame, c'est à vous qu'appartient cet ouvrage ;
C'est à vous que mon cœur a recours aujourd'hui
Pour pouvoir s'affranchir de son cuisant ennui.
Vengez-moi d'une ingrate et perfide parente,
Qui trahit lâchement une ardeur si constante ;   1250
Vengez-moi de ce trait qui doit vous faire horreur.

ÉLIANTE

Moi, vous venger ! Comment ?

ALCESTE

                        En recevant mon cœur.
Acceptez-le, Madame, au lieu de l'infidèle :
C'est par là que je puis prendre vengeance d'elle ;
Et je la veux punir par les sincères vœux,   1255
Par le profond amour, les soins respectueux,
Les devoirs empressés et l'assidu service
Dont ce cœur va vous faire un ardent sacrifice.

ÉLIANTE

Je comptais, sans doute, à ce que vous souffrez,
Et ne méprise point le cœur que vous m'offrez ;   1260
Mais peut-être le mal n'est pas si grand qu'on pense,
Et vous pourrez quitter ce désir de vengeance.

Lorsque l'injure part d'un objet plein d'appas,
On fait force desseins qu'on n'exécute pas :
On a beau voir, pour rompre, une raison puissante,   12
Une coupable aimée est bientôt innocente;
Tout le mal qu'on lui veut se dissipe aisément,
Et l'on sait ce que c'est qu'un courroux d'un amant.

ALCESTE

Non, non, Madame, non : l'offense est trop mortelle,
Il n'est point de retour, et je romps avec elle;   12
Rien ne saurait changer le dessein que j'en fais,
Et je me punirais de l'estimer jamais.
La voici. Mon courroux redouble à cette approche;
Je vais de sa noirceur lui faire un vif reproche,
Pleinement la confondre, et vous porter après   12
Un cœur tout dégagé de ses trompeurs attraits.

SCÈNE III
CÉLIMÈNE, ALCESTE

ALCESTE

O Ciel! de mes transports puis-je être ici le maître?

CÉLIMÈNE

Ouais! Quel est donc le trouble où je vous vois paraître?
Et que me veulent dire et ces soupirs poussés,
Et ces sombres regards que sur moi vous lancez?   12

ALCESTE

Que toutes les horreurs dont une âme est capable
A vos déloyautés n'ont rien de comparable;
Que le sort, les démons, et le Ciel en courroux
N'ont jamais rien produit de si méchant que vous.

CÉLIMÈNE

Voilà certainement des douceurs que j'admire.   12

ALCESTE

Ah! ne plaisantez point, il n'est pas temps de rire :
Rougissez bien plutôt, vous en avez raison;
Et j'ai de sûrs témoins de votre trahison.

Voilà ce que marquaient les troubles de mon âme :
Ce n'était pas en vain que s'alarmait ma flamme ;   1290
Par ces fréquents soupçons, qu'on trouvait odieux,
Je cherchais le malheur qu'ont rencontré mes yeux ;
Et malgré tous vos soins et votre adresse à feindre,
Mon astre me disait ce que j'avais à craindre.
Mais ne présumez pas que, sans être vengé,   1295
Je souffre le dépit de me voir outragé.
Je sais que sur les vœux on n'a point de puissance,
Que l'amour veut partout naître sans dépendance,
Que jamais par la force on n'entra dans un cœur,
Et que toute âme est libre à nommer son vainqueur.   1300
Aussi ne trouverais-je aucun sujet de plainte,
Si pour moi votre bouche avait parlé sans feinte ;
Et, rejetant mes vœux dès le premier abord,
Mon cœur n'aurait eu droit de s'en prendre qu'au sort.
Mais d'un aveu trompeur voir ma flamme applaudie,   1305
C'est une trahison, c'est une perfidie,
Qui ne saurait trouver de trop grands châtiments,
Et je puis tout permettre à mes ressentiments.
Oui, oui, redoutez tout après un tel outrage ;
Je ne suis plus à moi, je suis tout à la rage :   1310
Percé du coup mortel dont vous m'assassinez,
Mes sens par la raison ne sont plus gouvernés,
Je cède aux mouvements d'une juste colère,
Et je ne réponds pas de ce que je puis faire.

CÉLIMÈNE

D'où vient donc, je vous prie, un tel emportement ?   1315
Avez-vous, dites-moi, perdu le jugement ?

ALCESTE

Oui, oui, je l'ai perdu, lorsque dans votre vue
J'ai pris, pour mon malheur, le poison qui me tue,
Et que j'ai cru trouver quelque sincérité
Dans les traîtres appas dont je fus enchanté.   1320

CÉLIMÈNE

De quelle trahison pouvez-vous donc vous plaindre ?

ALCESTE

Ah ! que ce cœur est double et sait bien l'art de feindre !
Mais pour le mettre à bout, j'ai des moyens tout prêts ;

Jetez ici les yeux, et connaissez vos traits;
Ce billet découvert suffit pour vous confondre,   1
Et contre ce témoin on n'a rien à répondre.

CÉLIMÈNE

Voilà donc le sujet qui vous trouble l'esprit?

ALCESTE

Vous ne rougissez pas en voyant cet écrit?

CÉLIMÈNE

Et par quelle raison faut-il que j'en rougisse?

ALCESTE

Quoi? vous joignez ici l'audace à l'artifice?   1
Le désavouerez-vous, pour n'avoir point de seing?

CÉLIMÈNE

Pourquoi désavouer un billet de ma main?

ALCESTE

Et vous pouvez le voir sans demeurer confuse
Du crime dont vers moi son style vous accuse?

CÉLIMÈNE

Vous êtes, sans mentir, un grand extravagant.   1

ALCESTE

Quoi? vous bravez ainsi ce témoin convaincant?
Et ce qu'il m'a fait voir de douceur pour Oronte
N'a donc rien qui m'outrage, et qui vous fasse honte?

CÉLIMÈNE

Oronte! Qui vous dit que la lettre est pour lui?

ALCESTE

Les gens qui dans mes mains l'ont remise aujourd'hui.   1
Mais je veux consentir qu'elle soit pour un autre :
Mon cœur en a-t-il moins à se plaindre du vôtre?
En serez-vous vers moi moins coupable en effet?

CÉLIMÈNE

Mais si c'est une femme à qui va ce billet,
En quoi vous blesse-t-il? et qu'a-t-il de coupable?

ALCESTE

Ah! le détour est bon, et l'excuse admirable.
Je ne m'attendais pas, je l'avoue, à ce trait,
Et me voilà, par là, convaincu tout à fait.
Osez-vous recourir à ces ruses grossières?
Et croyez-vous les gens si privés de lumières?   1350
Voyons, voyons un peu par quel biais, de quel air,
Vous voulez soutenir un mensonge si clair,
Et comment vous pourrez tourner pour une femme
Tous les mots d'un billet qui montre tant de flamme?
Ajustez, pour couvrir un manquement de foi,   1355
Ce que je m'en vais lire...

CÉLIMÈNE

                    Il ne me plaît pas, moi.
Je vous trouve plaisant d'user d'un tel empire,
Et de me dire au nez ce que vous m'osez dire.

ALCESTE

Non; non : sans s'emporter, prenez un peu souci
De me justifier les termes que voici.   1360

CÉLIMÈNE

Non, je n'en veux rien faire; et dans cette occurrence,
Tout ce que vous croirez m'est de peu d'importance.

ALCESTE

De grâce, montrez-moi, je serai satisfait,
Qu'on peut pour une femme expliquer ce billet.

CÉLIMÈNE

Non, il est pour Oronte, et je veux qu'on le croie;   1365
Je reçois tous ses soins avec beaucoup de joie;
J'admire ce qu'il dit, j'estime ce qu'il est,
Et je tombe d'accord de tout ce qu'il vous plaît.
Faites, prenez parti, que rien ne vous arrête,
Et ne me rompez pas davantage la tête.   1370

ALCESTE

Ciel! rien de plus cruel peut-il être inventé?
Et jamais cœur fut-il de la sorte traité?

Quoi? d'un juste courroux je suis ému contre elle,
C'est moi qui me viens plaindre, et c'est moi qu'on
[querelle!
On pousse ma douleur et mes soupçons à bout,   137
On me laisse tout croire, on fait gloire de tout;
Et cependant mon cœur est encore assez lâche
Pour ne pouvoir briser la chaîne qui l'attache,
Et pour ne pas s'armer d'un généreux mépris
Contre l'ingrat objet dont il est trop épris!   138
Ah! que vous savez bien ici, contre moi-même,
Perfide, vous servir de ma faiblesse extrême,
Et ménager pour vous l'excès prodigieux
De ce fatal amour né de vos traîtres yeux!
Défendez-vous au moins d'un crime qui m'accable,   138
Et cessez d'affecter d'être envers moi coupable;
Rendez-moi, s'il se peut, ce billet innocent;
A vous prêter les mains ma tendresse consent;
Efforcez-vous ici de paraître fidèle,
Et je m'efforcerai, moi, de vous croire telle.   139

CÉLIMÈNE

Allez, vous êtes fou, dans vos transports jaloux,
Et ne méritez pas l'amour qu'on a pour vous.
Je voudrais bien savoir qui pourrait me contraindre
A descendre pour vous aux bassesses de feindre,
Et pourquoi, si mon cœur penchait d'autre côté,   139
Je ne le dirais pas avec sincérité.
Quoi? de mes sentiments l'obligeante assurance
Contre tous vos soupçons ne prend pas ma défense?
Auprès d'un tel garant, sont-ils de quelque poids?
N'est-ce pas m'outrager que d'écouter leur voix?   140
Et puisque notre cœur fait un effort extrême
Lorsqu'il peut se résoudre à confesser qu'il aime,
Puisque l'honneur du sexe, ennemi de nos feux,
S'oppose fortement à de pareils aveux,
L'amant qui voit pour lui franchir un tel obstacle   140
Doit-il impunément douter de cet oracle?
Et n'est-il pas coupable en ne s'assurant pas
A ce qu'on ne dit point qu'après de grands combats?
Allez, de tels soupçons méritent ma colère,
Et vous ne valez pas que l'on vous considère;   141

Je suis sotte, et veux mal à ma simplicité
De conserver encor pour vous quelque bonté;
Je devrais autre part attacher mon estime,
Et vous faire un sujet de plainte légitime.

ALCESTE

Ah! traîtresse, mon faible est étrange pour vous!   1415
Vous me trompez sans doute avec des mots si doux;
Mais il n'importe, il faut suivre ma destinée :
A votre foi mon âme est tout abandonnée;
Je veux voir, jusqu'au bout, quel sera votre cœur,
Et si de me trahir il aura la noirceur.   1420

CÉLIMÈNE

Non, vous ne m'aimez point comme il faut que l'on aime

ALCESTE

Ah! rien n'est comparable à mon amour extrême;
Et dans l'ardeur qu'il a de se montrer à tous,
Il va jusqu'à former des souhaits contre vous.
Oui, je voudrais qu'aucun ne vous trouvât aimable,   1425
Que vous fussiez réduite en un sort misérable,
Que le Ciel, en naissant, ne vous eût donné rien,
Que vous n'eussiez ni rang, ni naissance, ni bien,
Afin que de mon cœur l'éclatant sacrifice
Vous pût d'un pareil sort réparer l'injustice,   1430
Et que j'eusse la joie et la gloire, en ce jour,
De vous voir tenir tout des mains de mon amour.

CÉLIMÈNE

C'est me vouloir du bien d'une étrange manière!
Me préserve le Ciel que vous ayez matière...!
Voici Monsieur Du Bois, plaisamment figuré.   1435

SCÈNE IV
DU BOIS, CÉLIMÈNE, ALCESTE

ALCESTE

Que veut cet équipage, et cet air effaré?
Qu'as-tu?

DU BOIS

       Monsieur...

ALCESTE

Hé bien!

DU BOIS

Voici bien des mystères.

ALCESTE

Qu'est-ce?

DU BOIS

Nous sommes mal, Monsieur, dans nos affaires.

ALCESTE

Quoi?

DU BOIS

Parlerai-je haut?

ALCESTE

Oui, parle, et promptement.

DU BOIS

N'est-il point là quelqu'un..?   14

ALCESTE

Ah! que d'amusement!

Veux-tu parler?

DU BOIS

Monsieur, il faut faire retraite.

ALCESTE

Comment?

DU BOIS

Il faut d'ici déloger sans trompette.

ALCESTE

Et pourquoi?

DU BOIS

Je vous dis qu'il faut quitter ce lieu.

ALCESTE

La cause?

Du Bois

Il faut partir, Monsieur, sans dire adieu.

ALCESTE

Mais par quelle raison me tiens-tu ce langage?   1445

Du Bois

Par la raison, Monsieur, qu'il faut plier bagage.

ALCESTE

Ah! je te casserai la tête assurément,
Si tu ne veux, maraud, t'expliquer autrement.

Du Bois

Monsieur, un homme noir et d'habit et de mine
Est venu nous laisser, jusque dans la cuisine,   1450
Un papier griffonné d'une telle façon,
Qu'il faudrait, pour le lire, être pis que démon.
C'est de votre procès, je n'en fais aucun doute;
Mais le diable d'enfer, je crois, n'y verrait goutte.

ALCESTE

Hé bien? quoi? ce papier, qu'a-t-il à démêler,   1455
Traître, avec le départ dont tu viens me parler?

Du Bois

C'est pour vous dire ici, Monsieur, qu'une heure ensuite,
Un homme qui souvent vous vient rendre visite
Est venu vous chercher avec empressement,
Et ne vous trouvant pas, m'a chargé doucement,   1460
Sachant que je vous sers avec beaucoup de zèle,
De vous dire... Attendez, comme est-ce qu'il s'appelle?

ALCESTE

Laisse là son nom, traître, et dis ce qu'il t'a dit.

Du Bois

C'est un de vos amis enfin, cela suffit.
Il m'a dit que d'ici votre péril vous chasse,   1465

Et que d'être arrêté le sort vous y menace.

ALCESTE

Mais quoi? n'a-t-il voulu te rien spécifier?

DU BOIS

Non : il m'a demandé de l'encre et du papier,
Et vous a fait un mot, où vous pourrez, je pense,
Du fond de ce mystère avoir la connaissance.   147

ALCESTE

Donne-le donc.

CÉLIMÈNE

Que peut envelopper ceci?

ALCESTE

Je ne sais; mais j'aspire à m'en voir éclairci.
Auras-tu bientôt fait, impertinent au diable?

DU BOIS, *après l'avoir longtemps cherché.*

Ma foi! je l'ai, Monsieur, laissé sur votre table.

ALCESTE

Je ne sais qui me tient...   147

CÉLIMÈNE

Ne vous emportez pas,
Et courez démêler un pareil embarras.

ALCESTE

Il semble que le sort, quelque soin que je prenne,
Ait juré d'empêcher que je vous entretienne;
Mais pour en triompher, souffrez à mon amour
De vous revoir, Madame, avant la fin du jour.   148

ACTE V

SCÈNE I
ALCESTE, PHILINTE

ALCESTE

La résolution en est prise, vous dis-je.

PHILINTE

Mais, quel que soit ce coup, faut-il qu'il vous oblige...?

ALCESTE

Non : vous avez beau faire et beau me raisonner,
Rien de ce que je dis ne me peut détourner :
Trop de perversité règne au siècle où nous sommes,   1485
Et je veux me tirer du commerce des hommes.
Quoi ? contre ma partie on voit tout à la fois
L'honneur, la probité, la pudeur, et les lois ;
On publie en tous lieux l'équité de ma cause ;
Sur la foi de mon droit mon âme se repose :   1490
Cependant je me vois trompé par le succès ;
J'ai pour moi la justice, et je perds mon procès !
Un traître, dont on sait la scandaleuse histoire,
Est sorti triomphant d'une fausseté noire !
Toute la bonne foi cède à sa trahison !   1495
Il trouve, en m'égorgeant, moyen d'avoir raison !

Le poids de sa grimace, où brille l'artifice,
Renverse le bon droit, et tourne la justice !
Il fait par un arrêt couronner son forfait !
Et non content encor du tort que l'on me fait,   15
Il court parmi le monde un livre abominable,
Et de qui la lecture est même condamnable,
Un livre à mériter la dernière rigueur,
Dont le fourbe a le front de me faire l'auteur !
Et là-dessus, on voit Oronte qui murmure,   15
Et tâche méchamment d'appuyer l'imposture !
Lui, qui d'un honnête homme à la cour tient le rang,
A qui je n'ai rien fait qu'être sincère et franc,
Qui me vient, malgré moi, d'une ardeur empressée,
Sur des vers qu'il a faits demander ma pensée ;   15
Et parce que j'en use avec honnêteté,
Et ne le veux trahir, lui ni la vérité,
Il aide à m'accabler d'un crime imaginaire !
Le voilà devenu mon plus grand adversaire !
Et jamais de son cœur je n'aurai de pardon,   15
Pour n'avoir pas trouvé que son sonnet fût bon !
Et les hommes, morbleu ! sont faits de cette sorte !
C'est à ces actions que la gloire les porte !
Voilà la bonne foi, le zèle vertueux,
La justice et l'honneur que l'on trouve chez eux !   15
Allons, c'est trop souffrir les chagrins qu'on nous forge :
Tirons-nous de ce bois et de ce coupe-gorge.
Puisque entre humains ainsi vous vivez en vrais loups,
Traîtres, vous ne m'aurez de ma vie avec vous.

PHILINTE

Je trouve un peu bien prompt le dessein où vous êtes,   15
Et tout le mal n'est pas si grand que vous le faites :
Ce que votre partie ose vous imputer,
N'a point eu le crédit de vous faire arrêter ;
On voit son faux rapport lui-même se détruire,
Et c'est une action qui pourrait bien lui nuire.   15

ALCESTE

Lui ? De semblables tours il ne craint point l'éclat,
Il a permission d'être franc scélérat ;
Et loin qu'à son crédit nuise cette aventure,

On l'en verra demain en meilleure posture.

PHILINTE

Enfin il est constant qu'on n'a point trop donné   1535
Au bruit que contre vous sa malice a tourné ;
De ce côté déjà vous n'avez rien à craindre ;
Et pour votre procès, dont vous pouvez vous plaindre,
Il vous est en justice aisé d'y revenir,
Et contre cet arrêt...   1540

ALCESTE

                  Non : je veux m'y tenir.
Quelque sensible tort qu'un tel arrêt me fasse,
Je me garderai bien de vouloir qu'on le casse :
On y voit trop à plein le bon droit maltraité,
Et je veux qu'il demeure à la postérité
Comme une marque insigne, un fameux témoignage 1545
De la méchanceté des hommes de notre âge.
Ce sont vingt mille francs qu'il m'en pourra coûter ;
Mais, pour vingt mille francs, j'aurai droit de pester
Contre l'iniquité de la nature humaine,
Et de nourrir pour elle une immortelle haine.   1550

PHILINTE

Mais enfin...

ALCESTE

            Mais enfin, vos soins sont superflus :
Que pouvez-vous, Monsieur, me dire là-dessus ?
Aurez-vous bien le front de me vouloir en face
Excuser les horreurs de tout ce qui se passe ?

PHILINTE

Non, je tombe d'accord de tout ce qu'il vous plaît :   1555
Tout marche par cabale et par pur intérêt ;
Ce n'est plus que la ruse aujourd'hui qui l'emporte,
Et les hommes devraient être faits d'autre sorte.
Mais est-ce une raison que leur peu d'équité
Pour vouloir se tirer de leur société ?   1560
Tous ces défauts humains nous donnent dans la vie
Des moyens d'exercer notre philosophie :

C'est le plus bel emploi que trouve la vertu ;
Et si de probité tout était revêtu,
Si tous les cœurs étaient francs, justes et dociles,   156
La plupart des vertus nous seraient inutiles,
Puisqu'on en met l'usage à pouvoir sans ennui
Supporter, dans nos droits, l'injustice d'autrui ;
Et de même qu'un cœur d'une vertu profonde...

ALCESTE

Je sais que vous parlez, Monsieur, le mieux du monde ; 157
En beaux raisonnements vous abondez toujours ;
Mais vous perdez le temps et tous vos beaux discours.
La raison, pour mon bien, veut que je me retire :
Je n'ai point sur ma langue un assez grand empire ;
De ce que je dirais je ne répondrais pas,   157
Et je me jetterais cent choses sur les bras.
Laissez-moi, sans dispute, attendre Célimène :
Il faut qu'elle consente au dessein qui m'amène ;
Je vais voir si son cœur a de l'amour pour moi,
Et c'est ce moment-ci qui doit m'en faire foi.   158

PHILINTE

Montons chez Éliante, attendant sa venue.

ALCESTE

Non : de trop de souci je me sens l'âme émue.
Allez-vous-en la voir, et me laissez enfin
Dans ce petit coin sombre, avec mon noir chagrin.

PHILINTE

C'est une compagnie étrange pour attendre,   158
Et je vais obliger Éliante à descendre.

SCÈNE II
ORONTE, CÉLIMÈNE, ALCESTE

ORONTE

Oui, c'est à vous de voir si par des nœuds si doux,
Madame, vous voulez m'attacher tout à vous.
Il me faut de votre âme une pleine assurance :
Un amant là-dessus n'aime point qu'on balance.   159

Si l'ardeur de mes feux a pu vous émouvoir,
Vous ne devez point feindre à me le faire voir;
Et la preuve, après tout, que je vous en demande,
C'est de ne plus souffrir qu'Alceste vous prétende,
De le sacrifier, Madame, à mon amour,   1595
Et de chez vous enfin le bannir dès ce jour.

CÉLIMÈNE

Mais quel sujet si grand contre lui vous irrite,
Vous à qui j'ai tant vu parler de son mérite?

ORONTE

Madame, il ne faut point ces éclaircissements;
Il s'agit de savoir quels sont vos sentiments.   1600
Choisissez, s'il vous plaît, de garder l'un ou l'autre :
Ma résolution n'attend rien que la vôtre.

ALCESTE, *sortant du coin où il s'était retiré.*

Oui, Monsieur a raison : Madame, il faut choisir,
Et sa demande ici s'accorde à mon désir.
Pareille ardeur me presse, et même soin m'amène;   1605
Mon amour veut du vôtre une marque certaine,
Les choses ne sont plus pour traîner en longueur,
Et voici le moment d'expliquer votre cœur.

ORONTE

Je ne veux point, Monsieur, d'une flamme importune
Troubler aucunement votre bonne fortune.   1610

ALCESTE

Je ne veux point, Monsieur, jaloux ou non jaloux,
Partager de son cœur rien du tout avec vous.

ORONTE

Si votre amour au mien lui semble préférable...

ALCESTE

Si du moindre penchant elle est pour vous capable...

ORONTE

Je jure de n'y rien prétendre désormais.   1615

ALCESTE

Je jure hautement de ne la voir jamais.

ORONTE

Madame, c'est à vous de parler sans contrainte.

ALCESTE

Madame, vous pouvez vous expliquer sans crainte.

ORONTE

Vous n'avez qu'à nous dire où s'attachent vos vœux.

ALCESTE

Vous n'avez qu'à trancher, et choisir de nous deux.   16

ORONTE

Quoi ? sur un pareil choix vous semblez être en peine !

ALCESTE

Quoi ? votre âme balance et paraît incertaine !

CÉLIMÈNE

Mon Dieu ! que cette instance est là hors de saison,
Et que vous témoignez, tous deux, peu de raison !
Je sais prendre parti sur cette préférence,   16
Et ce n'est pas mon cœur maintenant qui balance :
Il n'est point suspendu, sans doute, entre vous deux,
Et rien n'est si tôt fait que le choix de nos vœux.
Mais je souffre, à vrai dire, une gêne trop forte
A prononcer en face un aveu de la sorte :   16
Je trouve que ces mots qui sont désobligeants
Ne se doivent point dire en présence des gens ;
Qu'un cœur de son penchant donne assez de lumière,
Sans qu'on nous fasse aller jusqu'à rompre en visière ;
Et qu'il suffit enfin que de plus doux témoins   16
Instruisent un amant du malheur de ses soins.

ORONTE

Non, non, un franc aveu n'a rien que j'appréhende :
J'y consens pour ma part.

ALCESTE

        Et moi, je le demande :
C'est son éclat surtout qu'ici j'ose exiger,

Et je ne prétends point vous voir rien ménager.   1640
Conserver tout le monde est votre grande étude ;
Mais plus d'amusement, et plus d'incertitude :
Il faut vous expliquer nettement là-dessus,
Ou bien pour un arrêt je prends votre refus ;
Je saurai, de ma part, expliquer ce silence,   1645
Et me tiendrai pour dit tout le mal que j'en pense.

ORONTE

Je vous sais fort bon gré, Monsieur, de ce courroux,
Et je lui dis ici même chose que vous.

CÉLIMÈNE

Que vous me fatiguez avec un tel caprice !
Ce que vous demandez a-t-il de la justice ?   1650
Et ne vous dis-je pas quel motif me retient ?
J'en vais prendre pour juge Éliante qui vient.

SCÈNE III
ÉLIANTE, PHILINTE, CÉLIMÈNE
ORONTE, ALCESTE

CÉLIMÈNE

Je me vois, ma cousine, ici persécutée
Par des gens dont l'humeur y paraît concertée.
Ils veulent l'un et l'autre, avec même chaleur,   1655
Que je prononce entre eux le choix que fait mon cœur,
Et que, par un arrêt qu'en face il me faut rendre,
Je défende à l'un d'eux tous les soins qu'il peut prendre.
Dites-moi si jamais cela se fait ainsi.
N'allez point là-dessus me consulter ici :   1660
Peut-être y pourriez-vous être mal adressée,
Et je suis pour les gens qui disent leur pensée.

ORONTE

Madame, c'est en vain que vous vous défendez.

ALCESTE

Tous vos détours ici seront mal secondés.

ORONTE

Il faut, il faut parler, et lâcher la balance.   1665

ALCESTE

Il ne faut que poursuivre à garder le silence.

ORONTE

Je ne peux qu'un seul mot pour finir nos débats.

ALCESTE

Et moi, je vous entends si vous ne parlez pas.

SCÈNE DERNIÈRE
ACASTE, CLITANDRE, ARSINOÉ,
PHILINTE, ÉLIANTE, ORONTE,
CÉLIMÈNE, ALCESTE

ACASTE

Madame, nous venons tous deux, sans vous déplaire,
Éclaircir avec vous une petite affaire.

CLITANDRE

Fort à propos, Messieurs, vous vous trouvez ici,
Et vous êtes mêlés dans cette affaire aussi.

ARSINOÉ

Madame, vous serez surprise de ma vue;
Mais ce sont ces Messieurs qui causent ma venue :
Tous deux ils m'ont trouvée, et se sont plaints à moi
D'un trait à qui mon cœur ne saurait prêter foi.
J'ai du fond de votre âme une trop haute estime,
Pour vous croire jamais capable d'un tel crime :
Mes yeux ont démenti leurs témoins les plus forts;
Et l'amitié passant sur de petits discords,
J'ai bien voulu chez vous leur faire compagnie,
Pour vous voir vous laver de cette calomnie.

ACASTE

Oui, Madame, voyons, d'un esprit adouci,
Comment vous vous prendrez à soutenir ceci.
Cette lettre par vous est écrite à Clitandre?

CLITANDRE

Vous avez pour Acaste écrit ce billet tendre?

ACASTE

Messieurs, ces traits pour vous n'ont point d'obscurité,
Et je ne doute pas que sa civilité
A connaître sa main n'ait trop su vous instruire;
Mais ceci vaut assez la peine de le lire.   1690

*Vous êtes un étrange homme de condamner mon enjoue-
ment, et de me reprocher que je n'ai jamais tant de joie
que lorsque je ne suis pas avec vous. Il n'y a rien de plus
injuste; et si vous ne venez bien vite me demander pardon
de cette offense, je ne vous la pardonnerai de ma vie.
Notre grand flandrin de Vicomte...*

Il devrait être ici.

*Notre grand flandrin de Vicomte, par qui vous commen-
cez vos plaintes, est un homme qui ne saurait me revenir;
et depuis que je l'ai vu, trois quarts d'heure durant,
cracher dans un puits pour faire des ronds, je n'ai pu
jamais prendre bonne opinion de lui. Pour le petit Marquis...*

C'est moi-même, Messieurs, sans nulle vanité.

*Pour le petit Marquis, qui me tint hier longtemps la
main, je trouve qu'il n'y a rien de si mince que toute sa
personne; et ce sont de ces mérites qui n'ont que la cape
et l'épée. Pour l'homme aux rubans verts...*

A vous le dé, Monsieur.

*Pour l'homme aux rubans verts, il me divertit quelquefois
avec ses brusqueries et son chagrin bourru; mais il est
cent moments où je le trouve le plus fâcheux du monde.
Et pour l'homme à la veste...*

Voici votre paquet.

*Et pour l'homme à la veste, qui s'est jeté dans le bel esprit
et veut être auteur malgré tout le monde, je ne puis me
donner la peine d'écouter ce qu'il dit; et sa prose me
fatigue autant que ses vers. Mettez-vous donc en tête que
je ne me divertis pas toujours si bien que vous pensez;
que je vous trouve à dire plus que je ne voudrais, dans
toutes les parties où l'on m'entraîne; et que c'est un
merveilleux assaisonnement aux plaisirs qu'on goûte que
la présence des gens qu'on aime.*

CLITANDRE

Me voici maintenant moi.   1

*Votre Clitandre dont vous me parlez, et qui fait tant le
doucereux, est le dernier des hommes pour qui j'aurais de
l'amitié. Il est extravagant de se persuader qu'on l'aime;
et vous l'êtes de croire qu'on ne vous aime pas. Changez,
pour être raisonnable, vos sentiments contre les siens; et
voyez-moi le plus que vous pourrez pour m'aider à porter
le chagrin d'en être obsédée.*

D'un fort beau caractère on voit là le modèle,
Madame, et vous savez comment cela s'appelle?
Il suffit : nous allons l'un et l'autre en tous lieux
Montrer de votre cœur le portrait glorieux.

ACASTE

J'aurais de quoi vous dire, et belle est la matière;   1
Mais je ne vous tiens pas digne de ma colère;
Et je vous ferai voir que les petits marquis
Ont, pour se consoler, des cœurs du plus haut prix.

ORONTE

Quoi? de cette façon je vois qu'on me déchire,
Après tout ce qu'à moi je vous ai vu m'écrire!   1
Et votre cœur, paré de beaux semblants d'amour,
A tout le genre humain se promet tour à tour!
Allez, j'étais trop dupe, et je vais ne plus l'être.
Vous me faites un bien, me faisant vous connaître :
J'y profite d'un cœur qu'ainsi vous me rendez,   1
Et trouve ma vengeance en ce que vous perdez.

A Alceste.

Monsieur, je ne fais plus d'obstacle à votre flamme,
Et vous pouvez conclure affaire avec Madame.

ARSINOÉ

Certes, voilà le trait du monde le plus noir ;
Je ne m'en saurais taire, et me sens émouvoir.   1715
Voit-on des procédés qui soient pareils aux vôtres ?
Je ne prends point de part aux intérêts des autres ;
Mais Monsieur, que chez vous fixait votre bonheur,
Un homme comme lui, de mérite et d'honneur,
Et qui vous chérissait avec idolâtrie,   1720
Devait-il... ?

ALCESTE

          Laissez-moi, Madame, je vous prie,
Vider mes intérêts moi-même là-dessus,
Et ne vous chargez point de ces soins superflus.
Mon cœur a beau vous voir prendre ici sa querelle,
Il n'est point en état de payer ce grand zèle :   1725
Et ce n'est pas à vous que je pourrai songer,
Si par un autre choix je cherche à me venger,

ARSINOÉ

Hé ! croyez-vous, Monsieur, qu'on ait cette pensée,
Et que de vous avoir on soit tant empressée ?
Je vous trouve un esprit bien plein de vanité,   1730
Si de cette créance il peut s'être flatté.
Le rebut de Madame est une marchandise
Dont on aurait grand tort d'être si fort éprise.
Détrompez-vous, de grâce, et portez-le moins haut :
Ce ne sont pas des gens comme moi qu'il vous faut ;   1735
Vous ferez bien encor de soupirer pour elle,
Et je brûle de voir une union si belle.

Elle se retire.

ALCESTE

Hé bien ! je me suis tu, malgré ce que je vois.
Et j'ai laissé parler tout le monde avant moi :

Ai-je pris sur moi-même un assez long empire,   174
Et puis-je maintenant...?

CÉLIMÈNE

                    Oui, vous pouvez tout dire :
Vous en êtes en droit, lorsque vous vous plaindrez,
Et de me reprocher tout ce que vous voudrez,
J'ai tort, je le confesse, et mon âme confuse
Ne cherche à vous payer d'aucune vaine excuse.   174
J'ai des autres ici méprisé le courroux,
Mais je tombe d'accord de mon crime envers vous.
Votre resssentiment, sans doute, est raisonnable :
Je sais combien je dois vous paraître coupable,
Que toute chose dit que j'ai pu vous trahir,   175
Et qu'enfin vous avez sujet de me haïr.
Faites-le, j'y consens.

ALCESTE

                    Hé! le puis-je, traîtresse?
Puis-je ainsi triompher de toute ma tendresse?
Et quoique avec ardeur je veuille vous haïr,
Trouvé-je un cœur en moi tout prêt à m'obéir?   175

A Éliante et Philinte.

Vous voyez ce que peut une indigne tendresse,
Et je vous fais tous deux témoins de ma faiblesse.
Mais, à vous dire vrai, ce n'est pas encor tout,
Et vous allez me voir la pousser jusqu'au bout,
Montrer que c'est à tort que sages on nous nomme,   176
Et que dans tous les cœurs il est toujours de l'homme.
Oui, je veux bien, perfide, oublier vos forfaits;
J'en saurai, dans mon âme, excuser tous les traits,
Et me les couvrirai du nom d'une faiblesse
Où le vice du temps porte votre jeunesse,   176
Pourvu que votre cœur veuille donner les mains
Au dessein que j'ai fait de fuir tous les humains,
Et que dans mon désert, où j'ai fait vœu de vivre,
Vous soyez, sans tarder, résolue à me suivre :
C'est par là seulement que, dans tous les esprits,   177
Vous pouvez réparer le mal de vos écrits,
Et qu'après cet éclat, qu'un noble cœur abhorre,

Il peut m'être permis de vous aimer encore.

CÉLIMÈNE

Moi, renoncer au monde avant que de vieillir,
Et dans votre désert aller m'ensevelir !   1775

ALCESTE

Et s'il faut qu'à mes feux votre flamme réponde,
Que vous doit importer tout le reste du monde ?
Vos désirs avec moi ne sont-ils pas contents ?

CÉLIMÈNE

La solitude effraye une âme de vingt ans :
Je ne sens point la mienne assez grande, assez forte,   1780
Pour me résoudre à prendre un dessein de la sorte.
Si le don de ma main peut contenter vos vœux,
Je pourrai me résoudre à serrer de tels nœuds :
Et l'hymen...

ALCESTE

Non : mon cœur à présent vous déteste,
Et ce refus lui seul fait plus que tout le reste.   1785
Puisque vous n'êtes point, en des liens si doux,
Pour trouver tout en moi, comme moi tout en vous,
Allez, je vous refuse, et ce sensible outrage
De vos indignes fers pour jamais me dégage.

> *Célimène se retire, et Alceste parle à*
> *Éliante.*

Madame, cent vertus ornent votre beauté,   1790
Et je n'ai vu qu'en vous de la sincérité ;
De vous, depuis longtemps, je fais un cas extrême ;
Mais laissez-moi toujours vous estimer de même ;
Et souffrez que mon cœur, dans ses troubles divers,
Ne se présente point à l'honneur de vos fers :   1795
Je m'en sens trop indigne, et commence à connaître
Que le Ciel pour ce nœud ne m'avait point fait naître ;
Que ce serait pour vous un hommage trop bas
Que le rebut d'un cœur qui ne vous valait pas ;
Et qu'enfin...   1800

ÉLIANTE

Vous pouvez suivre cette pensée :
Ma main de se donner n'est pas embarrassée ;

Et voilà votre ami, sans trop m'inquiéter,
Qui, si je l'en priais, la pourrait accepter.

PHILINTE

Ah! cet honneur, Madame, est toute mon envie.
Et j'y sacrifierais et mon sang et ma vie.   18

ALCESTE

Puissiez-vous, pour goûter de vrais contentements,
L'un pour l'autre à jamais garder ces sentiments!
Trahi de toutes parts, accablé d'injustices,
Je vais sortir d'un gouffre où triomphent les vices,
Et chercher sur la terre un endroit écarté   18
Où d'être homme d'honneur on ait la liberté.

PHILINTE

Allons, Madame, allons employer toute chose,
Pour rompre le dessein que son cœur se propose

LE BOURGEOIS GENTILHOMME

COMÉDIE-BALLET

FAITE À CHAMBORD, POUR LE DIVERTISSEMENT DU ROI,
AU MOIS D'OCTOBRE 1670,
ET REPRÉSENTÉE EN PUBLIC,
À PARIS, POUR LA PREMIÈRE FOIS,
SUR LE THÉÂTRE DU PALAIS-ROYAL,
LE 23ᴱ NOVEMBRE DE LA MÊME ANNÉE 1670
PAR LA

TROUPE DU ROI

PERSONNAGES

MONSIEUR JOURDAIN, bourgeois.
MADAME JOURDAIN, sa femme.
LUCILE, fille de M. Jourdain.
NICOLE, servante.
CLÉONTE, amoureux de Lucile.
COVIELLE, valet de Cléonte.
DORANTE, comte, amant de Dorimène.
DORIMÈNE, marquise.
MAÎTRE DE MUSIQUE.
ÉLÈVE DU MAÎTRE DE MUSIQUE.
MAÎTRE À DANSER.
MAÎTRE D'ARMES.
MAÎTRE DE PHILOSOPHIE.
MAÎTRE TAILLEUR.
GARÇON TAILLEUR.
DEUX LAQUAIS.
PLUSIEURS MUSICIENS, MUSICIENNES, JOUEURS D'INSTRU-
MENTS, DANSEURS, CUISINIERS, GARÇONS TAILLEURS, ET
AUTRES PERSONNAGES DES INTERMÈDES ET DU BALLET.

La scène est à Paris.

L'ouverture se fait par un grand assemblage d'instru-
ments ; et dans le milieu du théâtre on voit un élève du
Maître de musique, qui compose sur une table un air que
le Bourgeois a demandé pour une sérénade.

ACTE PREMIER

SCÈNE I
MAÎTRE DE MUSIQUE, MAÎTRE À DANSER,
TROIS MUSICIENS, DEUX VIOLONS, QUATRE DANSEURS

MAÎTRE DE MUSIQUE, *parlant à ses Musiciens*. —
Venez, entrez dans cette salle, et vous reposez là, en
attendant qu'il vienne.

MAÎTRE À DANSER, *parlant aux Danseurs*. — Et vous
aussi, de ce côté.

MAÎTRE DE MUSIQUE, *à l'Élève*. — Est-ce fait ?

L'ÉLÈVE. — Oui.

MAÎTRE DE MUSIQUE. — Voyons... Voilà qui est bien.

MAÎTRE À DANSER. — Est-ce quelque chose de nouveau ?

MAÎTRE DE MUSIQUE. — Oui, c'est un air pour une
sérénade, que je lui ai fait composer ici, en attendant
que notre homme fût éveillé.

MAÎTRE À DANSER. — Peut-on voir ce que c'est ?

MAÎTRE DE MUSIQUE. — Vous l'allez entendre, avec le
dialogue, quand il viendra. Il ne tardera guère.

MAÎTRE À DANSER. — Nos occupations, à vous et à
moi, ne sont pas petites maintenant.

MAÎTRE À MUSIQUE. — Il est vrai. Nous avons trouvé
ici un homme comme il nous le faut à tous deux ; ce

nous est une douce rente que ce Monsieur Jourdain, avec les visions de noblesse et de galanterie qu'il est allé se mettre en tête; et votre danse et ma musique auraient à souhaiter que tout le monde lui ressemblât.

MAÎTRE À DANSER. — Non pas entièrement; et je voudrais pour lui qu'il se connût mieux qu'il ne fait aux choses que nous lui donnons.

MAÎTRE À MUSIQUE. — Il est vrai qu'il les connaît mal, mais il les paye bien; et c'est de quoi maintenant nos arts ont plus besoin que de toute autre chose.

MAÎTRE À DANSER. — Pour moi, je vous l'avoue, je me repais un peu de gloire; les applaudissements me touchent; et je tiens que, dans tous les beaux-arts, c'est un supplice assez fâcheux que de se produire à des sots, que d'essuyer sur des compositions la barbarie d'un stupide. Il y a plaisir, ne m'en parlez point, à travailler pour des personnes qui soient capables de sentir les délicatesses d'un art, qui sachent faire un doux accueil aux beautés d'un ouvrage, et par de chatouillantes approbations vous régaler de votre travail. Oui, la récompense la plus agréable qu'on puisse recevoir des choses que l'on fait, c'est de les voir connues, de les voir caressées d'un applaudissement qui vous honore. Il n'y a rien, à mon avis, qui nous paye mieux que cela de toutes nos fatigues; et ce sont des douceurs exquises que des louanges éclairées.

MAÎTRE DE MUSIQUE. — J'en demeure d'accord, et je les goûte comme vous. Il n'y a rien assurément qui chatouille davantage que les applaudissements que vous dites. Mais cet encens ne fait pas vivre; des louanges toutes pures ne mettent point un homme à son aise : il y faut mêler du solide; et la meilleure façon de louer, c'est de louer avec les mains. C'est un homme, à la vérité, dont les lumières sont petites, qui parle à tort et à travers de toutes choses, et n'applaudit qu'à contre-sens; mais son argent redresse les jugements de son esprit; il a du discernement dans sa bourse; ses louanges sont monnayées; et ce bourgeois ignorant nous vaut mieux, comme vous voyez, que le grand seigneur éclairé qui nous a introduits ici.

MAÎTRE À DANSER. — Il y a quelque chose de vrai dans ce que vous dites ; mais je trouve que vous appuyez un peu trop sur l'argent ; et l'intérêt est quelque chose de si bas qu'il ne faut jamais qu'un honnête homme montre pour lui de l'attachement.

MAÎTRE DE MUSIQUE. — Vous recevez fort bien pourtant l'argent que notre homme vous donne.

MAÎTRE À DANSER. — Assurément ; mais je n'en fais pas tout mon bonheur, et je voudrais qu'avec son bien il eût encore quelque bon goût des choses.

MAÎTRE DE MUSIQUE. — Je le voudrais aussi, et c'est à quoi nous travaillons tous deux autant que nous pouvons. Mais, en tout cas, il nous donne moyen de nous faire connaître dans le monde ; et il payera pour les autres ce que les autres loueront pour lui.

MAÎTRE À DANSER. — Le voilà qui vient.

SCÈNE II

MONSIEUR JOURDAIN, DEUX LAQUAIS,
MAÎTRE DE MUSIQUE, MAÎTRE À DANSER, VIOLONS,
MUSICIENS ET DANSEURS

MONSIEUR JOURDAIN. — Hé bien, Messieurs ? qu'est-ce ? me ferez-vous voir votre petite drôlerie ?

MAÎTRE À DANSER. — Comment ? quelle petite drôlerie ?

MONSIEUR JOURDAIN. — Eh la... comment appelez-vous cela ? votre prologue ou dialogue de chansons et de danse.

MAÎTRE À DANSER. — Ah ! ah !

MAÎTRE DE MUSIQUE. — Vous nous y voyez préparés.

MONSIEUR JOURDAIN. — Je vous ai fait un peu attendre, mais c'est que je me fais habiller aujourd'hui comme les gens de qualité ; et mon tailleur m'a envoyé des bas de soie que j'ai pensé ne mettre jamais.

MAÎTRE DE MUSIQUE. — Nous ne sommes ici que pour attendre votre loisir.

MONSIEUR JOURDAIN. — Je vous prie tous deux de ne vous point en aller qu'on ne m'ait apporté mon habit, afin que vous me puissiez voir.

MAÎTRE À DANSER. — Tout ce qu'il vous plaira.

MONSIEUR JOURDAIN. — Vous me verrez équipé comme il faut, depuis les pieds jusqu'à la tête.

MAÎTRE DE MUSIQUE. — Nous n'en doutons point.

MONSIEUR JOURDAIN. — Je me suis fait faire cette indienne-ci.

MAÎTRE À DANSER. — Elle est fort belle.

MONSIEUR JOURDAIN. — Mon tailleur m'a dit que les gens de qualité étaient comme cela le matin.

MAÎTRE DE MUSIQUE. — Cela vous sied à merveille.

MONSIEUR JOURDAIN. — Laquais! holà, mes deux laquais!

PREMIER LAQUAIS. — Que voulez-vous, Monsieur?

MONSIEUR JOURDAIN. — Rien. C'est pour voir si vous m'entendez bien. *(Aux deux Maîtres.)* Que dites-vous de mes livrées?

MAÎTRE À DANSER. — Elles sont magnifiques.

MONSIEUR JOURDAIN. *Il entrouvre sa robe et fait voir un haut-de-chausses étroit de velours rouge, et une camisole de velours vert, dont il est vêtu.* — Voici encore un petit déshabillé pour faire le matin mes exercices.

MAÎTRE DE MUSIQUE. — Il est galant.

MONSIEUR JOURDAIN. — Laquais!

PREMIER LAQUAIS. — Monsieur.

MONSIEUR JOURDAIN. — L'autre laquais!

SECOND LAQUAIS. — Monsieur.

MONSIEUR JOURDAIN. — Tenez ma robe. Me trouvez-vous bien comme cela?

MAÎTRE À DANSER. — Fort bien. On ne peut pas mieux.

MONSIEUR JOURDAIN. — Voyons un peu votre affaire.

MAÎTRE DE MUSIQUE. — Je voudrais bien auparavant vous faire entendre un air qu'il vient de composer pour la sérénade que vous m'avez demandée. C'est un de mes écoliers, qui a pour ces sortes de choses un talent admirable.

MONSIEUR JOURDAIN. — Oui; mais il ne fallait pas faire cela par un écolier, et vous n'étiez pas trop bon vous-même pour cette besogne-là.

MAÎTRE DE MUSIQUE. — Il ne faut pas, Monsieur, que le nom d'écolier vous abuse. Ces sortes d'écoliers en savent autant que les plus grands maîtres, et l'air est aussi beau qu'il s'en puisse faire. Écoutez seulement.

MONSIEUR JOURDAIN. — Donnez-moi ma robe pour mieux entendre... Attendez, je crois que je serai mieux sans robe... Non; redonnez-la-moi, cela ira mieux.

MUSICIEN, CHANTANT.

Je languis nuit et jour, et mon mal est extrême,
Depuis qu'à vos rigueurs vos beaux yeux m'ont soumis;
Si vous traitez ainsi, belle Iris, qui vous aime,
Hélas! que pourriez-vous faire à vos ennemis?

MONSIEUR JOURDAIN. — Cette chanson me semble un peu lugubre, elle endort, et je voudrais que vous la pussiez un peu ragaillardir par-ci par-là.

MAÎTRE DE MUSIQUE. — Il faut, Monsieur, que l'air soit accommodé aux paroles.

MONSIEUR JOURDAIN. — On m'en apprit un tout à fait joli, il y a quelque temps. Attendez... La... comment est-ce qu'il dit?

MAÎTRE A DANSER. — Par ma foi! je ne sais.

MONSIEUR JOURDAIN. — Il y a du mouton dedans.

MAÎTRE A DANSER. — Du mouton?

MONSIEUR JOURDAIN. — Oui. Ah!

(Monsieur Jourdain chante.)

Je croyais Janneton
Aussi douce que belle,
Je croyais Janneton
Plus douce qu'un mouton :
Hélas! hélas! elle est cent fois,
Mille fois plus cruelle,
Que n'est le tigre aux bois.

N'est-il pas joli?

MAÎTRE DE MUSIQUE. — Le plus joli du monde.

MAÎTRE A DANSER. — Et vous le chantez bien.

MONSIEUR JOURDAIN. — C'est sans avoir appris la musique.

MAÎTRE DE MUSIQUE. — Vous devriez l'apprendre, Monsieur, comme vous faites la danse. Ce sont deux arts qui ont une étroite liaison ensemble.

MAÎTRE A DANSER. — Et qui ouvrent l'esprit d'un homme aux belles choses.

MONSIEUR JOURDAIN. — Est-ce que les gens de qualité apprennent aussi la musique?

MAÎTRE DE MUSIQUE. — Oui, Monsieur.

MONSIEUR JOURDAIN. — Je l'apprendrai donc. Mais je ne sais quel temps je pourrai prendre; car, outre le Maître d'armes qui me montre, j'ai arrêté encore un Maître de philosophie, qui doit commencer ce matin.

MAÎTRE DE MUSIQUE. — La philosophie est quelque chose; mais la musique, Monsieur, la musique...

MAÎTRE A DANSER. — La musique et la danse... La musique et la danse, c'est là tout ce qu'il faut.

MAÎTRE DE MUSIQUE. — Il n'y a rien qui soit si utile dans un État que la musique.

MAÎTRE A DANSER. — Il n'y a rien qui soit si nécessaire aux hommes que la danse.

MAÎTRE DE MUSIQUE. — Sans la musique, un État ne peut subsister.

MAÎTRE A DANSER. — Sans la danse, un homme ne saurait rien faire.

MAÎTRE DE MUSIQUE. — Tous les désordres, toutes les guerres qu'on voit dans le monde, n'arrivent que pour n'apprendre pas la musique.

MAÎTRE A DANSER. — Tous les malheurs des hommes, tous les revers funestes dont les histoires sont remplies, les bévues des politiques, et les manquements des grands capitaines, tout cela n'est venu que faute de savoir danser.

MONSIEUR JOURDAIN. — Comment cela?

MAÎTRE DE MUSIQUE. — La guerre ne vient-elle pas d'un manque d'union entre les hommes?

MONSIEUR JOURDAIN. — Cela est vrai.

MAÎTRE DE MUSIQUE. — Et si tous les hommes apprenaient la musique, ne serait-ce pas le moyen de s'accorder ensemble, et de voir dans le monde la paix universelle?

MONSIEUR JOURDAIN. — Vous avez raison.

MAÎTRE A DANSER. — Lorsqu'un homme a commis un manquement dans sa conduite, soit aux affaires de sa

famille, ou au gouvernement d'un État, ou au
commandement d'une armée, ne dit-on pas toujours :
« Un tel a fait un mauvais pas dans une telle affaire » ?

MONSIEUR JOURDAIN. — Oui, on dit cela.

MAÎTRE A DANSER. — Et faire un mauvais pas peut-il
procéder d'autre chose que de ne savoir pas danser ?

MONSIEUR JOURDAIN. — Cela est vrai, vous avez
raison tous deux.

MAÎTRE A DANSER. — C'est pour vous faire voir
l'excellence et l'utilité de la danse et de la musique.

MONSIEUR JOURDAIN. — Je comprends cela à cette
heure.

MAÎTRE DE MUSIQUE. — Voulez-vous voir nos deux
affaires ?

MONSIEUR JOURDAIN. — Oui.

MAÎTRE DE MUSIQUE. — Je vous l'ai déjà dit, c'est un
petit essai que j'ai fait autrefois des diverses passions
que peut exprimer la musique.

MONSIEUR JOURDAIN. — Fort bien.

MAÎTRE DE MUSIQUE. — Allons, avancez. Il faut vous
figurer qu'ils sont habillés en bergers.

MONSIEUR JOURDAIN. — Pourquoi toujours des bergers ? On ne voit que cela partout.

MAÎTRE A DANSER. — Lorsqu'on a des personnes à
faire parler en musique, il faut bien que, pour la
vraisemblance, on donne dans la bergerie. Le chant a
été de tout temps affecté aux bergers ; et il n'est guère
naturel en dialogue que des princes ou des bourgeois
chantent leurs passions.

MONSIEUR JOURDAIN. — Passe, passe. Voyons.

DIALOGUE EN MUSIQUE
UNE MUSICIENNE ET DEUX MUSICIENS

Un cœur, dans l'amoureux empire,
De mille soins est toujours agité :
On dit qu'avec plaisir on languit, on soupire ;
Mais, quoi qu'on puisse dire,
Il n'est rien de si doux que notre liberté.

PREMIER MUSICIEN

Il n'est rien de si doux que les tendres ardeurs
Qui font vivre deux cœurs

Dans une même envie.
On ne peut être heureux sans amoureux désirs :
Otez l'amour de la vie,
Vous en ôtez les plaisirs.

SECOND MUSICIEN

Il serait doux d'entrer sous l'amoureuse loi,
Si l'on trouvait en amour de la foi ;
Mais, hélas ; ô rigueur cruelle !
On ne voit point de bergère fidèle,
Et ce sexe inconstant, trop indigne du jour,
Doit faire pour jamais renoncer à l'amour.

PREMIER MUSICIEN

Aimable ardeur,

MUSICIENNE

Franchise heureuse,

SECOND MUSICIEN

Sexe trompeur,

PREMIER MUSICIEN

Que tu m'es précieuse !

MUSICIENNE

Que tu plais à mon cœur !

SECOND MUSICIEN

Que tu me fais d'horreur !

PREMIER MUSICIEN

Ah ! quitte pour aimer cette haine mortelle.

MUSICIENNE

On peut, on peut te montrer
Une bergère fidèle.

SECOND MUSICIEN

Hélas ! où la rencontrer ?

MUSICIENNE

Pour défendre notre gloire,
Je te veux offrir mon cœur.

SECOND MUSICIEN

Mais, Bergère, puis-je croire
Qu'il ne sera point trompeur?

MUSICIENNE

Voyons par expérience
Qui des deux aimera mieux.

SECOND MUSICIEN

Qui manquera de constance,
Le puissent perdre les Dieux!

TOUS TROIS

A des ardeurs si belles
Laissons-nous enflammer :
Ah! qu'il est doux d'aimer,
Quand deux cœurs sont fidèles!

MONSIEUR JOURDAIN. — Est-ce tout?

MAÎTRE DE MUSIQUE. — Oui.

MONSIEUR JOURDAIN. — Je trouve cela bien troussé, et il y a là-dedans de petits dictons assez jolis.

MAÎTRE A DANSER. — Voici, pour mon affaire, un petit essai des plus beaux mouvements et des plus belles attitudes dont une danse puisse être variée.

MONSIEUR JOURDAIN. — Sont-ce encore des bergers?

MAÎTRE A DANSER. — C'est ce qu'il vous plaira. Allons.

> *Quatre Danseurs exécutent tous les mouvements différents et toutes les sortes de pas que le Maître à danser leur commande, et cette danse fait le premier intermède.*

ACTE II

SCÈNE I

MONSIEUR JOURDAIN, MAÎTRE
DE MUSIQUE, MAÎTRE A DANSER, Laquais

MONSIEUR JOURDAIN. — Voilà qui n'est point sot, et ces gens-là se trémoussent bien.

MAÎTRE DE MUSIQUE. — Lorsque la danse sera mêlée avec la musique, cela fera plus d'effet encore, et vous verrez quelque chose de galant dans le petit ballet que nous avons ajusté pour vous.

MONSIEUR JOURDAIN. — C'est pour tantôt au moins ; et la personne pour qui j'ai fait faire tout cela me doit faire l'honneur de venir dîner céans.

MAÎTRE A DANSER. — Tout est prêt.

MAÎTRE DE MUSIQUE. — Au reste, Monsieur, ce n'est pas assez : il faut qu'une personne comme vous, qui êtes magnifique, et qui avez de l'inclination pour les belles choses, ait un concert de musique chez soi tous les mercredis ou tous les jeudis.

MONSIEUR JOURDAIN. — Est-ce que les gens de qualité en ont ?

MAÎTRE DE MUSIQUE. — Oui, Monsieur.

MONSIEUR JOURDAIN. — J'en aurai donc. Cela sera-t-il beau ?

MAÎTRE DE MUSIQUE. — Sans doute. Il vous faudra trois voix : un dessus, une haute-contre, et une basse, qui seront accompagnées d'une basse de viole, d'un théorbe, et d'un clavecin pour les basses continues, avec deux dessus de violon pour jouer les ritournelles.

MONSIEUR JOURDAIN. — Il y faudra mettre aussi une trompette marine. La trompette marine est un instrument qui me plaît, et qui est harmonieux.

MAÎTRE DE MUSIQUE. — Laissez-nous gouverner les choses.

MONSIEUR JOURDAIN. — Au moins n'oubliez pas tantôt de m'envoyer des musiciens, pour chanter à table.

MAÎTRE DE MUSIQUE. — Vous aurez tout ce qu'il vous faut.

MONSIEUR JOURDAIN. — Mais surtout, que le ballet soit beau.

MAÎTRE DE MUSIQUE. — Vous en serez content, et, entre autres choses, de certains menuets que vous y verrez.

MONSIEUR JOURDAIN. — Ah! les menuets sont ma danse, et je veux que vous me les voyiez danser. Allons, mon maître.

MAÎTRE À DANSER. — Un chapeau, Monsieur, s'il vous plaît. La, la, la ; La, la, la, la, la, la ; La, la, la, *bis* ; La, la, la ; La, la. En cadence, s'il vous plaît. La, la, la, la. La jambe droite. La, la, la. Ne remuez point tant les épaules. La, la, la, la, la ; La, la, la, la, la. Vos deux bras sont estropiés. La, la, la, la, la. Haussez la tête. Tournez la pointe du pied en dehors. La, la, la. Dressez votre corps.

MONSIEUR JOURDAIN. — Euh?

MAÎTRE DE MUSIQUE. — Voilà qui est le mieux du monde.

MONSIEUR JOURDAIN — A propos. Apprenez-moi comme il faut faire une révérence pour saluer une marquise : j'en aurai besoin tantôt.

MAÎTRE À DANSER. — Une révérence pour saluer une marquise?

MONSIEUR JOURDAIN. — Oui : une marquise qui s'appelle Dorimène.

Maître à Danser. — Donnez-moi la main.

Monsieur Jourdain. — Non. Vous n'avez qu'à faire :
je le retiendrai bien.

Maître à Danser. — Si vous voulez la saluer avec
beaucoup de respect, il faut faire d'abord une révérence en arrière, puis marcher vers elle avec trois
révérences en avant, et à la dernière vous baisser
jusqu'à ses genoux.

Monsieur Jourdain. — Faites un peu. Bon.

Premier Laquais. — Monsieur, voilà votre maître
d'armes qui est là.

Monsieur Jourdain. — Dis-lui qu'il entre ici pour
me donner leçon. Je veux que vous me voyiez faire.

SCÈNE II
MAÎTRE D'ARMES, MAÎTRE DE MUSIQUE,
MAÎTRE À DANSER, MONSIEUR JOURDAIN,
DEUX LAQUAIS

Maître d'Armes, *après lui avoir mis le fleuret à la
main*. — Allons, Monsieur, la révérence. Votre corps
droit. Un peu penché sur la cuisse gauche. Les jambes
point tant écartées. Vos pieds sur une même ligne.
Votre poignet à l'opposite de votre hanche. La pointe
de votre épée vis-à-vis de votre épaule. Le bras pas tout
à fait si étendu. La main gauche à la hauteur de l'œil.
L'épaule gauche plus quartée. La tête droite. Le regard
assuré. Avancez. Le corps ferme. Touchez-moi l'épée
de quarte, et achevez de même. Une, deux. Remettez-
vous. Redoublez de pied ferme. Un saut en arrière.
Quand vous portez la botte, Monsieur, il faut que
l'épée parte la première, et que le corps soit bien
effacé. Une, deux. Allons, touchez-moi l'épée de tierce,
et achevez de même. Avancez. Le corps ferme. Avancez. Partez de là. Une, deux. Remettez-vous. Redoublez. Un saut en arrière. En garde, Monsieur, en garde.

> *Le Maître d'Armes lui pousse deux ou
> trois bottes, en lui disant : « En garde. »*

Monsieur Jourdain. — Euh ?

Maître de Musique. — Vous faites des merveilles.

MAÎTRE D'ARMES. — Je vous l'ai déjà dit, tout le
secret des armes ne consiste qu'en deux choses, à
donner, et à ne point recevoir ; et comme je vous fis
voir l'autre jour par raison démonstrative, il est
impossible que vous receviez, si vous savez détourner
l'épée de votre ennemi de la ligne de votre corps : ce
qui ne dépend seulement que d'un petit mouvement
du poignet ou en dedans, ou en dehors.

MONSIEUR JOURDAIN. — De cette façon donc, un
homme, sans avoir du cœur, est sûr de tuer son
homme, et de n'être point tué.

MAÎTRE D'ARMES. — Sans doute. N'en vîtes-vous pas
la démonstration. ?

MONSIEUR JOURDAIN. — Oui.

MAÎTRE D'ARMES. — Et c'est en quoi l'on voit de
quelle considération nous autres nous devons être
dans un État, et combien la science des armes
l'emporte hautement sur toutes les autres sciences
inutiles, comme la danse, la musique, la...

MAÎTRE À DANSER. — Tout beau, Monsieur le tireur
d'armes : ne parlez de la danse qu'avec respect.

MAÎTRE DE MUSIQUE. — Apprenez, je vous prie, à
mieux traiter l'excellence de la musique.

MAÎTRE D'ARMES. — Vous êtes de plaisantes gens, de
vouloir comparer vos sciences à la mienne.

MAÎTRE DE MUSIQUE. — Voyez un peu l'homme
d'importance !

MAÎTRE À DANSER. — Voilà un plaisant animal, avec
son plastron !

MAÎTRE D'ARMES. — Mon petit maître à danser, je
vous ferais danser comme il faut. Et vous, mon petit
musicien, je vous ferais chanter de la belle manière.

MAÎTRE À DANSER. — Monsieur le batteur de fer, je
vous apprendrai votre métier.

MONSIEUR JOURDAIN, *au Maître à Danser.* — Êtes-
vous fou de l'aller quereller, lui qui entend la tierce et
la quarte, et qui sait tuer un homme par raison
démonstrative ?

MAÎTRE À DANSER. — Je me moque de sa raison
démonstrative, et de sa tierce et de sa quarte.

MONSIEUR JOURDAIN. — Tout doux, vous dis-je.

MAÎTRE D'ARMES. — Comment? petit impertinent.

MONSIEUR JOURDAIN. — Eh! mon Maître d'armes.

MAÎTRE À DANSER. — Comment? grand cheval de carrosse.

MONSIEUR JOURDAIN. — Eh! mon Maître à danser.

MAÎTRE D'ARMES. — Si je me jette sur vous...

MONSIEUR JOURDAIN. — Doucement.

MAÎTRE À DANSER. — Si je mets sur vous la main...

MONSIEUR JOURDAIN. — Tout beau.

MAÎTRE D'ARMES. — Je vous étrillerai d'un air...

MONSIEUR JOURDAIN. — De grâce!

MAÎTRE À DANSER. — Je vous rosserai d'une manière...

MONSIEUR JOURDAIN. — Je vous prie.

MAÎTRE DE MUSIQUE. — Laissez-nous un peu lui apprendre à parler.

MONSIEUR JOURDAIN. — Mon Dieu! arrêtez-vous!

SCÈNE III

MAÎTRE DE PHILOSOPHIE, MAÎTRE DE MUSIQUE,
MAÎTRE À DANSER, MAÎTRE D'ARMES,
MONSIEUR JOURDAIN, LAQUAIS

MONSIEUR JOURDAIN. — Holà, Monsieur le Philosophe, vous arrivez tout à propos avec votre philosophie. Venez un peu mettre la paix entre ces personnes-ci.

MAÎTRE DE PHILOSOPHIE. — Qu'est-ce donc? qu'y a-t-il, Messieurs?

MONSIEUR JOURDAIN. — Ils se sont mis en colère pour la préférence de leurs professions, jusqu'à se dire des injures, et vouloir en venir aux mains.

MAÎTRE DE PHILOSOPHIE. — Hé quoi? Messieurs, faut-il s'emporter de la sorte? et n'avez-vous point lu le docte traité que Sénèque a composé de la colère? Y a-t-il rien de plus bas et de plus honteux que cette passion, qui fait d'un homme une bête féroce? et la raison ne doit-elle pas être maîtresse de tous nos mouvements?

MAÎTRE À DANSER. — Comment, Monsieur, il vient

nous dire des injures à tous deux, en méprisant la danse que j'exerce, et la musique dont il fait profession?

MAÎTRE DE PHILOSOPHIE. — Un homme sage est au-dessus de toutes les injures qu'on lui peut dire; et la grande réponse qu'on doit faire aux outrages, c'est la modération et la patience.

MAÎTRE D'ARMES. — Ils ont tous deux l'audace de vouloir comparer leurs professions à la mienne.

MAÎTRE DE PHILOSOPHIE. — Faut-il que cela vous émeuve? Ce n'est pas de vaine gloire et de condition que les hommes doivent disputer entre eux; et ce qui nous distingue parfaitement les uns des autres, c'est la sagesse et la vertu.

MAÎTRE À DANSER. — Je lui soutiens que la danse est une science à laquelle on ne peut faire assez d'honneur.

MAÎTRE DE MUSIQUE. — Et moi, que la musique en est une que tous les siècles ont révérée.

MAÎTRE D'ARMES. — Et moi, je leur soutiens à tous deux que la science de tirer des armes est la plus belle et la plus nécessaire de toutes les sciences.

MAÎTRE DE PHILOSOPHIE. — Et que sera donc la philosophie? Je vous trouve tous trois bien impertinents de parler devant moi avec cette arrogance et de donner impudemment le nom de science à des choses que l'on ne doit pas même honorer du nom d'art, et qui ne peuvent être comprises que sous le nom de métier misérable de gladiateur, de chanteur et de baladin!

MAÎTRE D'ARMES. — Allez, philosophe de chien.

MAÎTRE DE MUSIQUE. — Allez, bélâtre de pédant.

MAÎTRE À DANSER. — Allez, cuistre fieffé.

MAÎTRE DE PHILOSOPHIE. — Comment? marauds que vous êtes... (*Le Philosophe se jette sur eux, et tous trois le chargent de coups, et sortent en se battant*).

MONSIEUR JOURDAIN. — Monsieur le Philosophe.

MAÎTRE DE PHILOSOPHIE. — Infâmes! coquins! insolents!

MONSIEUR JOURDAIN. — Monsieur le Philosophe.

MAÎTRE D'ARMES. — La peste l'animal!

Monsieur Jourdain. — Messieurs.

Maître de Philosophie. — Impudents!

Monsieur Jourdain. — Monsieur le Philosophe.

Maître à Danser. — Diantre soit de l'âne bâté!

Monsieur Jourdain. — Messieurs.

Maître de Philosophie. — Scélérats!

Monsieur Jourdain. — Monsieur le Philosophe.

Maître de Musique. — Au diable l'impertinent!

Monsieur Jourdain. — Messieurs.

Maître de Philosophie. — Fripons! gueux! traîtres! imposteurs! *(Ils sortent.)*

Monsieur Jourdain. — Monsieur le Philosophe, Messieurs, Monsieur le Philosophe, Messieurs, Monsieur le Philosophe. Oh! battez-vous tant qu'il vous plaira : je n'y saurais que faire, et je n'irai pas gâter ma robe pour vous séparer. Je serais bien fou de m'aller fourrer parmi eux, pour recevoir quelque coup qui me ferait mal.

SCÈNE IV
MAÎTRE DE PHILOSOPHIE, MONSIEUR JOURDAIN

Maître de Philosophie, *en raccommodant son collet*. — Venons à notre leçon.

Monsieur Jourdain. — Ah! Monsieur, je suis fâché des coups qu'ils vous ont donnés.

Maître de Philosophie. — Cela n'est rien. Un philosophe sait recevoir comme il faut les choses, et je vais composer contre eux une satire du style de Juvénal, qui les déchirera de la belle façon. Laissons cela. Que voulez-vous apprendre?

Monsieur Jourdain. — Tout ce que je pourrai, car j'ai toutes les envies du monde d'être savant; et j'enrage que mon père et ma mère ne m'aient pas fait bien étudier dans toutes les sciences, quand j'étais jeune.

Maître de Philosophie. — Ce sentiment est raisonnable : *Nam sine doctrina vita est quasi mortis imago.* Vous entendez cela, et vous savez le latin sans doute.

Monsieur Jourdain. — Oui, mais faites comme si je ne le savais : expliquez-moi ce que cela veut dire.

MAÎTRE DE PHILOSOPHIE. — Cela veut dire que *Sans la science, la vie est presque une image de la mort*.

MONSIEUR JOURDAIN. — Ce latin-là a raison.

MAÎTRE DE PHILOSOPHIE. — N'avez-vous point quelques principes, quelques commencements des sciences?

MONSIEUR JOURDAIN. — Oh! oui, je sais lire et écrire.

MAÎTRE DE PHILOSOPHIE. — Par où vous plaît-il que nous commencions? Voulez-vous que je vous apprenne la logique?

MONSIEUR JOURDAIN. — Qu'est-ce que c'est que cette logique?

MAÎTRE DE PHILOSOPHIE. — C'est elle qui enseigne les trois opérations de l'esprit.

MONSIEUR JOURDAIN. — Qui sont-elles, ces trois opérations de l'esprit?

MAÎTRE DE PHILOSOPHIE. — La première, la seconde et la troisième. La première est de bien concevoir par le moyen des universaux. La seconde, de bien juger par le moyen des catégories; et la troisième, de bien tirer une conséquence par le moyen des figures *Barbara, Celarent, Darii, Ferio, Baralipton*, etc.

MONSIEUR JOURDAIN. — Voilà des mots qui sont trop rébarbatifs. Cette logique-là ne me revient point. Apprenons autre chose qui soit plus jolie.

MAÎTRE DE PHILOSOPHIE. — Voulez-vous apprendre la morale?

MONSIEUR JOURDAIN. — La morale?

MAÎTRE DE PHILOSOPHIE. — Oui.

MONSIEUR JOURDAIN. — Qu'est-ce qu'elle dit, cette morale?

MAÎTRE DE PHILOSOPHIE. — Elle traite de la félicité, enseigne aux hommes à modérer leurs passions, et...

MONSIEUR JOURDAIN. — Non, laissons cela. Je suis bilieux comme tous les diables; et il n'y a morale qui tienne, je me veux mettre en colère tout mon soûl, quand il m'en prend envie.

MAÎTRE DE PHILOSOPHIE. — Est-ce la physique que vous voulez apprendre?

MONSIEUR JOURDAIN. — Qu'est-ce qu'elle chante, cette physique?

MAÎTRE DE PHILOSOPHIE. — La physique est celle qui explique les principes des choses naturelles, et les propriétés du corps ; qui discourt de la nature des éléments, des métaux, des minéraux, des pierres, des plantes et des animaux, et nous enseigne les causes de tous les météores, l'arc-en-ciel, les feux volants, les comètes, les éclairs, le tonnerre, la foudre, la pluie, la neige, la grêle, les vents et les tourbillons.

MONSIEUR JOURDAIN. — Il y a trop de tintamarre là-dedans, trop de brouillamini.

MAÎTRE DE PHILOSOPHIE. — Que voulez-vous donc que je vous apprenne ?

MONSIEUR JOURDAIN. — Apprenez-moi l'ortho-graphe.

MAÎTRE DE PHILOSOPHIE. — Très volontiers.

MONSIEUR JOURDAIN. — Après, vous m'apprendrez l'almanach, pour savoir quand il y a de la lune et quand il n'y en a point.

MAÎTRE DE PHILOSOPHIE. — Soit. Pour bien suivre votre pensée et traiter cette matière en philosophe, il faut commencer selon l'ordre des choses, par une exacte connaissance de la nature des lettres, et de la différente manière de les prononcer toutes. Et là-dessus j'ai à vous dire que les lettres sont divisées en voyelles, ainsi dites voyelles parce qu'elles expriment les voix ; et en consonnes, ainsi appelées consonnes parce qu'elles sonnent avec les voyelles, et ne font que marquer les diverses articulations des voix. Il y a cinq voyelles ou voix : A, E, I, O, U.

MONSIEUR JOURDAIN. — J'entends tout cela.

MAÎTRE DE PHILOSOPHIE. — La voix A se forme en ouvrant fort la bouche : A.

MONSIEUR JOURDAIN. — A, A. Oui.

MAÎTRE DE PHILOSOPHIE. — La voix E se forme en rapprochant la mâchoire d'en bas de celle d'en haut : A, E.

MONSIEUR JOURDAIN. — A, E, A, E. Ma foi ! oui. Ah ! que cela est beau !

MAÎTRE DE PHILOSOPHIE. — Et la voix I en rappro-chant encore davantage les mâchoires l'une de l'autre, et écartant les deux coins de la bouche vers les oreilles : A, E, I.

MONSIEUR JOURDAIN. — A, E, I, I, I, I. Cela est vrai. Vivre la science !

MAÎTRE DE PHILOSOPHIE. — La voix O se forme en rouvrant les mâchoires, et rapprochant les lèvres par les deux coins, le haut et le bas : O.

MONSIEUR JOURDAIN. — O, O. Il n'y a rien de plus juste. A, E, I, O, I, O. Cela est admirable ! I, O, I, O.

MAÎTRE DE PHILOSOPHIE. — L'ouverture de la bouche fait justement comme un petit rond qui représente un O.

MONSIEUR JOURDAIN. — O, O, O. Vous avez raison. O. Ah ! la belle chose, que de savoir quelque chose !

MAÎTRE DE PHILOSOPHIE. — La voix U se forme en rapprochant les dents sans les joindre entièrement, et allongeant les deux lèvres en dehors, les approchant aussi l'une de l'autre sans les joindre tout à fait : U.

MONSIEUR JOURDAIN. — U, U. Il n'y a rien de plus véritable : U.

MAÎTRE DE PHILOSOPHIE. — Vos deux lèvres s'allongent comme si vous faisiez la moue : d'où vient que si vous la voulez faire à quelqu'un, et vous moquer de lui, vous ne sauriez lui dire que : U.

MONSIEUR JOURDAIN. — U, U. Cela est vrai. Ah ! que n'ai-je étudié plus tôt, pour savoir tout cela ?

MAÎTRE DE PHILOSOPHIE. — Demain, nous verrons les autres lettres, qui sont les consonnes.

MONSIEUR JOURDAIN. — Est-ce qu'il y a des choses aussi curieuses qu'à celles-ci ?

MAÎTRE DE PHILOSOPHIE. — Sans doute. La consonne D, par exemple, se prononce en donnant du bout de la langue au-dessus des dents d'en haut : DA.

MONSIEUR JOURDAIN. — DA, DA. Oui. Ah ! les belles choses ! les belles choses !

MAÎTRE DE PHILOSOPHIE. — L'F en appuyant les dents d'en haut sur la lèvre de dessous : FA.

MONSIEUR JOURDAIN. — FA, FA. C'est la vérité. Ah ! mon père et ma mère, que je vous veux de mal !

MAÎTRE DE PHILOSOPHIE. — Et l'R, en portant le bout

de la langue jusqu'au haut du palais, de sorte qu'étant frôlée par l'air qui sort avec force, elle lui cède, et revient toujours au même endroit, faisant une manière de tremblement : R, Ra.

MONSIEUR JOURDAIN. — R, R, Ra ; R, R, R, R, R, Ra. Cela est vrai ! Ah ! l'habile homme que vous êtes ! et que j'ai perdu de temps ! R, R, R, Ra.

MAÎTRE DE PHILOSOPHIE. — Je vous expliquerai à fond toutes ces curiosités.

MONSIEUR JOURDAIN. — Je vous en prie. Au reste, il faut que je vous fasse une confidence. Je suis amoureux d'une personne de grande qualité, et je souhaiterais que vous m'aidassiez à lui écrire quelque chose dans un petit billet que je veux laisser tomber à ses pieds.

MAÎTRE DE PHILOSOPHIE. — Fort bien.

MONSIEUR JOURDAIN. — Cela sera galant, oui.

MAÎTRE DE PHILOSOPHIE. — Sans doute. Sont-ce des vers que vous lui voulez écrire ?

MONSIEUR JOURDAIN. — Non, non, point de vers.

MAÎTRE DE PHILOSOPHIE. — Vous ne voulez que de la prose ?

MONSIEUR JOURDAIN. — Non, je ne veux ni prose ni vers.

MAÎTRE DE PHILOSOPHIE. — Il faut bien que ce soit l'un, ou l'autre.

MONSIEUR JOURDAIN. — Pourquoi ?

MAÎTRE DE PHILOSOPHIE. — Par la raison, Monsieur, qu'il n'y a pour s'exprimer que la prose, ou les vers.

MONSIEUR JOURDAIN. — Il n'y a que la prose ou les vers ?

MAÎTRE DE PHILOSOPHIE. — Non, Monsieur : tout ce qui n'est point prose est vers ; et tout ce qui n'est point vers est prose.

MONSIEUR JOURDAIN. — Et comme l'on parle, qu'est-ce que c'est donc que cela ?

MAÎTRE DE PHILOSOPHIE. — De la prose.

MONSIEUR JOURDAIN. — Quoi ? quand je dis : « Nicole, apportez-moi mes pantoufles, et me donnez mon bonnet de nuit », c'est de la prose ?

MAÎTRE DE PHILOSOPHIE. — Oui, Monsieur.

MONSIEUR JOURDAIN. — Par ma foi ! il y a plus de quarante ans que je dis de la prose sans que j'en susse rien, et je vous suis le plus obligé du monde de m'avoir appris cela. Je voudrais donc lui mettre dans un billet : *Belle Marquise, vos beaux yeux me font mourir d'amour*; mais je voudrais que cela fût mis d'une manière galante, que cela fût tourné gentiment.

MAÎTRE DE PHILOSOPHIE. — Mettre que les feux de ses yeux réduisent votre cœur en cendres; que vous souffrez nuit et jour pour elle les violences d'un...

MONSIEUR JOURDAIN. — Non, non, non, je ne veux point tout cela; je ne veux que ce que je vous ai dit : *Belle Marquise, vos beaux yeux me font mourir d'amour*.

MAÎTRE DE PHILOSOPHIE. — Il faut bien étendre un peu la chose.

MONSIEUR JOURDAIN. — Non, vous dis-je, je ne veux que ces seules paroles-là dans le billet; mais tournées à la mode, bien arrangées comme il faut. Je vous prie de me dire un peu, pour voir, les diverses manières dont on les peut mettre.

MAÎTRE DE PHILOSOPHIE. — On les peut mettre premièrement comme vous avez dit : *Belle Marquise, vos beaux yeux me font mourir d'amour*. Ou bien : *D'amour mourir me font, belle Marquise, vos beaux yeux*. Ou bien : *Vos yeux beaux d'amour me font, belle Marquise, mourir*. Ou bien : *Mourir vos beaux yeux, belle Marquise, d'amour me font*. Ou bien : *Me font vos yeux beaux mourir, belle Marquise, d'amour*.

MONSIEUR JOURDAIN. — Mais de toutes ces façons-là, laquelle est la meilleure ?

MAÎTRE DE PHILOSOPHIE. — Celle que vous avez dite : *Belle Marquise, vos beaux yeux me font mourir d'amour*.

MONSIEUR JOURDAIN. — Cependant je n'ai point étudié, et j'ai fait cela tout du premier coup. Je vous remercie de tout mon cœur, et vous prie de venir demain de bonne heure.

MAÎTRE DE PHILOSOPHIE. — Je n'y manquerai pas.

MONSIEUR JOURDAIN. — Comment ? mon habit n'est point encore arrivé ?

SECOND LAQUAIS. — Non, Monsieur.

MONSIEUR JOURADIN. — Ce maudit tailleur me fait bien attendre pour un jour où j'ai tant d'affaires. J'enrage. Que la fièvre quartaine puisse serrer bien fort le bourreau de tailleur! Au diable le tailleur! La peste étouffe le tailleur! Si je le tenais maintenant, ce tailleur détestable, ce chien de tailleur-là, ce traître de tailleur, je...

SCÈNE V

MAÎTRE TAILLEUR, GARÇON TAILLEUR,
portant l'habit de M. Jourdain, MONSIEUR JOURDAIN, LAQUAIS

MONSIEUR JOURDAIN. — Ah! vous voilà! je m'allais mettre en colère contre vous.

MAÎTRE TAILLEUR. — Je n'ai pas pu venir plus tôt, et j'ai mis vingt garçons après votre habit.

MONSIEUR JOURDAIN. — Vous m'avez envoyé des bas de soie si étroits que j'ai eu toutes les peines du monde à les mettre, et il y a déjà deux mailles de rompues.

MAÎTRE TAILLEUR. — Ils ne s'élargiront que trop.

MAÎTRE JOURDAIN. — Oui, si je romps toujours des mailles. Vous m'avez aussi fait faire des souliers qui me blessent furieusement.

MAÎTRE TAILLEUR. — Point du tout, Monsieur.

MONSIEUR JOURDAIN. — Comment, point du tout?

MAÎTRE TAILLEUR. — Non, ils ne vous blessent point.

MONSIEUR JOURDAIN. — Je vous dis qu'ils me blessent, moi.

MAÎTRE TAILLEUR. — Vous vous imaginez cela.

MONSIEUR JOURDAIN. — Je me l'imagine, parce que je le sens. Voyez la belle raison!

MAÎTRE TAILLEUR. — Tenez, voilà le plus bel habit de la cour, et le mieux assorti. C'est un chef-d'œuvre que d'avoir inventé un habit sérieux qui ne fût pas noir; et je le donne en six coups aux tailleurs les plus éclairés.

MONSIEUR JOURDAIN. — Qu'est-ce que c'est que ceci? vous avez mis les fleurs en enbas.

MAÎTRE TAILLEUR. — Vous ne m'aviez pas dit que vous les vouliez en enhaut.

MONSIEUR JOURDAIN. — Est-ce qu'il faut dire cela?

MAÎTRE TAILLEUR. — Oui, vraiment. Toutes les personnes de qualité les portent de la sorte.

MONSIEUR JOURDAIN. — Les personnes de qualité portent les fleurs en enbas ?

MAÎTRE TAILLEUR. — Oui, Monsieur.

MONSIEUR JOURDAIN. — Oh ! voilà qui est donc bien.

MAÎTRE TAILLEUR. — Si vous voulez, je les mettrai en enhaut.

MONSIEUR JOURDAIN. — Non, non.

MAÎTRE TAILLEUR. — Vous n'avez qu'à dire.

MONSIEUR JOURDAIN. — Non, vous dis-je ; vous avez bien fait. Croyez-vous que l'habit m'aille bien ?

MAÎTRE TAILLEUR. — Belle demande ! Je défie un peintre avec son pinceau, de vous faire rien de plus juste. J'ai chez moi un garçon qui, pour monter une rhingrave, est le plus grand génie du monde ; et un autre qui, pour assembler un pourpoint, est le héros de notre temps.

MONSIEUR JOURDAIN. — La perruque et les plumes sont-elles comme il faut ?

MAÎTRE TAILLEUR. — Tout est bien.

MONSIEUR JOURDAIN, *en regardant l'habit du tailleur*. — Ah ! ah ! Monsieur le tailleur, voilà de mon étoffe du dernier habit que vous m'avez fait. Je la reconnais bien.

MAÎTRE TAILLEUR. — C'est que l'étoffe me sembla si belle que j'en ai voulu lever un habit pour moi.

MONSIEUR JOURDAIN. — Oui, mais il ne fallait pas le lever avec le mien.

MAÎTRE TAILLEUR. — Voulez-vous mettre votre habit ?

MONSIEUR JOURDAIN. — Oui, donnez-moi.

MAÎTRE TAILLEUR. — Attendez. Cela ne va pas comme cela. J'ai amené des gens pour vous habiller en cadence, et ces sortes d'habits se mettent avec cérémonie. Holà ! entrez, vous autres. Mettez cet habit à Monsieur, de la manière que vous faites aux personnes de qualité.

Quatre Garçons tailleurs entrent, dont deux lui arrachent le haut-de-chausses

de ces exercices, et deux autres la cami-
sole ; puis ils lui mettent son habit neuf ;
et M. Jourdain se promène entre eux, et
leur montre son habit, pour voir s'il est
bien. Le tout à la cadence de toute la
symphonie.

GARÇON TAILLEUR. — Mon gentilhomme, donnez, s'il vous plaît, aux garçons quelque chose pour boire.

MONSIEUR JOURDAIN. — Comment m'appelez-vous ?

GARÇON TAILLEUR. — Mon gentilhomme.

MONSIEUR JOURDAIN. — Mon gentilhomme ! Voilà ce que c'est de se mettre en personne de qualité. Allez-vous-en demeurer toujours habillé en bourgeois, on ne vous dira point : Mon gentilhomme. Tenez, voilà pour Mon gentilhomme.

GARÇON TAILLEUR. — Monseigneur, nous vous sommes bien obligés.

MONSIEUR JOURDAIN. — Monseigneur ! oh ! oh ! oh ! Monseigneur ! Attendez, mon ami : Monseigneur mérite quelque chose, et ce n'est pas une petite parole que Monseigneur. Tenez, voilà ce que Monseigneur vous donne.

GARÇON TAILLEUR. — Monseigneur, nous allons boire tous à la santé de Votre Grandeur.

MONSIEUR JOURDAIN. — Votre Grandeur ! Oh ! oh ! oh ! Attendez, ne vous en allez pas. A moi, Votre Grandeur ! Ma foi, s'il va jusqu'à l'Altesse, il aura toute la bourse. Tenez, voilà pour Ma Grandeur.

GARÇON TAILLEUR. — Monseigneur, nous la remercions très humblement de ses libéralités.

MONSIEUR JOURDAIN. — Il a bien fait : je lui allais tout donner.

Les quatre Garçons tailleurs se
réjouissent par une danse qui fait le
second intermède.

ACTE III

SCÈNE I
MONSIEUR JOURDAIN, Laquais

MONSIEUR JOURDAIN. — Suivez-moi, que j'aille un peu montrer mon habit par la ville ; et surtout ayez soin tous deux de marcher immédiatement sur mes pas, afin qu'on voie bien que vous êtes à moi.

LAQUAIS. — Oui, Monsieur.

MONSIEUR JOURDAIN. — Appelez-moi Nicole, que je lui donne quelques ordres. Ne bougez, la voilà.

SCÈNE II
NICOLE, MONSIEUR JOURDAIN, Laquais

MONSIEUR JOURDAIN. — Nicole !

NICOLE. — Plaît-il ?

MONSIEUR JOURDAIN. — Écoutez.

NICOLE. — Hi, hi, hi, hi, hi.

MONSIEUR JOURDAIN. — Qu'as-tu à rire ?

NICOLE. — Hi, hi, hi, hi, hi, hi.

MONSIEUR JOURDAIN. — Que veut dire cette conquine-là ?

NICOLE. — Hi, hi, hi. Comme vous voilà bâti ! Hi, hi, hi.

MONSIEUR JOURDAIN. — Comment donc ?

NICOLE. — Ah, ah! mon Dieu! Hi, hi, hi, hi, hi.

MONSIEUR JOURDAIN. — Quelle friponne est-ce là! Te moques-tu de moi?

NICOLE. — Nenni, Monsieur, j'en serais bien fâchée. Hi, hi, hi, hi, hi, hi.

MONSIEUR JOURDAIN. — Je te baillerai sur le nez, si tu ris davantage.

NICOLE. — Monsieur, je ne puis pas m'en empêcher. Hi, hi, hi, hi, hi, hi.

MONSIEUR JOURDAIN. — Tu ne t'arrêteras pas?

NICOLE. — Monsieur, je vous demande pardon; mais vous êtes si plaisant, que je ne saurais me tenir de rire. Hi, hi, hi.

MONSIEUR JOURDAIN. — Mais voyez quelle insolence.

NICOLE. — Vous êtes tout à fait drôle comme cela. Hi, hi.

MONSIEUR JOURDAIN. — Je te...

NICOLE. — Je vous prie de m'excuser. Hi, hi, hi, hi.

MONSIEUR JOURDAIN. — Tiens, si tu ris encore le moins du monde, je te jure que je t'appliquerai sur la joue le plus grand soufflet qui se soit jamais donné.

NICOLE. — Hé bien, Monsieur, voilà qui est fait, je ne rirai plus.

MONSIEUR JOURDAIN. — Prends-y bien garde. Il faut que pour tantôt tu nettoies...

NICOLE. — Hi, hi.

MONSIEUR JOURDAIN. — Que tu nettoies comme il faut...

NICOLE. — Hi, hi.

MONSIEUR JOURDAIN. — Il faut, dis-je, que tu nettoies la salle, et...

NICOLE. — Hi, hi.

MONSIEUR JOURDAIN. — Encore!

NICOLE. — Tenez, Monsieur, battez-moi plutôt et me laissez rire tout mon soûl, cela me fera plus de bien. Hi, hi, hi, hi, hi.

MONSIEUR JOURDAIN. — J'enrage.

NICOLE. — De grâce, Monsieur, je vous prie de me laisser rire. Hi, hi, hi.

MONSIEUR JOURDAIN. — Si je te prends...

NICOLE. — Monsieur, eur, je crèverai, ai, si je ne ris. Hi, hi, hi.

MONSIEUR JOURDAIN. — Mais a-t-on jamais vu une pendarde comme celle-là? qui me vient rire insolemment au nez, au lieu de recevoir mes ordres?

NICOLE. — Que voulez-vous que je fasse, Monsieur?

MONSIEUR JOURDAIN. — Que tu songes, coquine, à préparer ma maison pour la compagnie qui doit venir tantôt.

NICOLE. — Ah! par ma foi! je n'ai plus envie de rire; et toutes vos compagnies font tant de désordre céans que ce mot est assez pour me mettre en mauvaise humeur.

MONSIEUR JOURDAIN. — Ne dois-je point pour toi fermer ma porte à tout le monde?

NICOLE. — Vous devriez au moins la fermer à certaines gens.

SCÈNE III

MADAME JOURDAIN, MONSIEUR JOURDAIN, NICOLE,
LAQUAIS

MADAME JOURDAIN. — Ah, ah! voici une nouvelle histoire. Qu'est-ce que c'est donc, mon mari, que cet équipage-là? Vous moquez-vous du monde, de vous être fait enharnacher de la sorte? et avez-vous envie qu'on se raille partout de vous?

MONSIEUR JOURDAIN. — Il n'y a que des sots et des sottes, ma femme, qui se railleront de moi.

MADAME JOURDAIN. — Vraiment on n'a pas attendu jusqu'à cette heure, et il y a longtemps que vos façons de faire donnent à rire à tout le monde.

MONSIEUR JOURDAIN. — Qui est donc tout ce monde-là, s'il vous plaît?

MADAME JOURDAIN. — Tout ce monde-là est un monde qui a raison, et qui est plus sage que vous. Pour moi, je suis scandalisée de la vie que vous menez. Je ne sais plus ce que c'est que notre maison : on dirait qu'il est céans carême-prenant tous les jours; et dès le matin, de peur d'y manquer, on y entend des vacarmes de violons et de chanteurs, dont tout le voisinage se trouve incommodé.

NICOLE. — Madame parle bien. Je ne saurais plus voir

mon ménage propre, avec cet attirail de gens que vous faites venir chez vous. Ils ont des pieds qui vont chercher de la boue dans tous les quartiers de la ville, pour l'apporter ici ; et la pauvre Françoise est presque sur les dents, à frotter les planchers que vos biaux maîtres viennent crotter régulièrement tous les jours.

MONSIEUR JOURDAIN. — Ouais, notre servante Nicole, vous avez le caquet bien affilé pour une paysanne.

MADAME JOURDAIN. — Nicole a raison, et son sens est meilleur que le vôtre. Je voudrais bien savoir ce que vous pensez faire d'un maître à danser à l'âge que vous avez.

NICOLE. — Et d'un grand maître tireur d'armes, qui vient, avec ses battements de pied, ébranler toute la maison, et nous déraciner tous les carriaux de notre salle ?

MONSIEUR JOURDAIN. — Taisez-vous, ma servante, et ma femme.

MADAME JOURDAIN. — Est-ce que vous voulez apprendre à danser pour quand vous n'aurez plus de jambes ?

NICOLE. — Est-ce que vous avez envie de tuer quelqu'un ?

MONSIEUR JOURDAIN. — Taisez-vous, vous dis-je : vous êtes des ignorantes l'une et l'autre, et vous ne savez pas les prérogatives de tout cela.

MADAME JOURDAIN. — Vous devriez bien plutôt songer à marier votre fille, qui est en âge d'être pourvue.

MONSIEUR JOURDAIN. — Je songerai à marier ma fille quand il se présentera un parti pour elle ; mais je veux songer aussi à apprendre les belles choses.

NICOLE. — J'ai encore ouï dire, Madame, qu'il a pris aujourd'hui, pour renfort de potage, un maître de philosophie.

MONSIEUR JOURDAIN. — Fort bien : je veux avoir de l'esprit, et savoir raisonner des choses parmi les honnêtes gens.

MADAME JOURDAIN. — N'irez-vous point l'un de ces jours au collège vous faire donner le fouet, à votre âge ?

MONSIEUR JOURDAIN. — Pourquoi non ? Plût à Dieu

l'avoir tout à l'heure, le fouet, devant tout le monde, et savoir ce qu'on apprend au collège !

NICOLE. — Oui, ma foi ! cela vous rendrait la jambe bien mieux faite.

MONSIEUR JOURDAIN. — Sans doute.

MADAME JOURDAIN. — Tout cela est fort nécessaire pour conduire votre maison.

MONSIEUR JOURDAIN. — Assurément. Vous parlez toutes deux comme des bêtes, et j'ai honte de votre ignorance. Par exemple, savez-vous, vous, ce que c'est que vous dites à cette heure ?

MADAME JOURDAIN. — Oui, je sais que ce que je dis est fort bien dit, et que vous devriez songer à vivre d'autre sorte.

MONSIEUR JOURDAIN. — Je ne parle pas de cela. Je vous demande ce que c'est que les paroles que vous dites ici ?

MADAME JOURDAIN. — Ce sont des paroles bien sensées, et votre conduite ne l'est guère.

MONSIEUR JOURDAIN. — Je ne parle pas de cela, vous dis-je. Je vous demande : ce que je parle avec vous, ce que je vous dis à cette heure, qu'est-ce que c'est ?

MADAME JOURDAIN. — Des chansons.

MONSIEUR JOURDAIN. — Hé non ! ce n'est pas cela. Ce que nous disons tous deux, le langage que nous parlons à cette heure ?

MADAME JOURDAIN. — Hé bien ?

MONSIEUR JOURDAIN. — Comment est-ce que cela s'appelle ?

MADAME JOURDAIN. — Cela s'appelle comme on veut l'appeler.

MONSIEUR JOURDAIN. — C'est de la prose, ignorante.

MADAME JOURDAIN. — De la prose ?

MONSIEUR JOURDAIN. — Oui, de la prose. Tout ce qui est prose n'est point vers ; et tout ce qui n'est point vers n'est point prose. Heu, voilà ce que c'est d'étudier. Et toi, sais-tu bien comme il faut faire pour dire un U ?

NICOLE. — Comment ?

MONSIEUR JOURDAIN. — Oui. Qu'est-ce que tu fais quand tu dis un U ?

NICOLE. — Quoi ?

MONSIEUR JOURDAIN. — Dis un peu U, pour voir?

NICOLE. — Hé bien, U.

MONSIEUR JOURDAIN. — Qu'est-ce que tu fais?

NICOLE. — Je dis U.

MONSIEUR JOURDAIN. — Oui; mais quand tu dis U, qu'est-ce que tu fais?

NICOLE. — Je fais ce que vous me dites.

MONSIEUR JOURDAIN. — O l'étrange chose que d'avoir affaire à des bêtes! Tu allonges les lèvres en dehors et approches la mâchoire d'en haut de celle d'en bas : U, vois-tu? U. Je fais la moue : U.

NICOLE. — Oui, cela est biau.

MADAME JOURDAIN. — Voilà qui est admirable.

MONSIEUR JOURDAIN. — C'est bien autre chose, si vous aviez vu O, et DA, DA, et FA, FA.

MADAME JOURDAIN. — Qu'est-ce donc que tout ce galimatias-là?

NICOLE. — De quoi est-ce que tout cela guérit?

MADAME JOURDAIN. — J'enrage quand je vois des femmes ignorantes.

MADAME JOURDAIN. — Allez, vous devriez envoyer promener tous ces gens-là, avec leurs fariboles.

NICOLE. — Et surtout ce grand escogriffe de maître d'armes, qui remplit de poudre tout mon ménage.

MONSIEUR JOURDAIN. — Ouais, ce maître d'armes vous tient fort au cœur. Je te veux faire voir ton impertinence tout à l'heure. *(Il fait apporter les fleurets et en donne un à Nicole.)* Tiens. Raison démonstrative, la ligne du corps. Quand on pousse en quarte, on n'a qu'à faire cela, et quand on pousse en tierce, on n'a qu'à faire cela. Voilà le moyen de n'être jamais tué; et cela n'est-il pas beau, d'être assuré de son fait, quand on se bat contre quelqu'un? Là, pousse-moi un peu pour voir.

NICOLE. — Hé bien, quoi? *(Nicole lui pousse plusieurs coups.)*

MONSIEUR JOURDAIN. — Tout beau, holà, oh! doucement. Diantre soit la coquine!

NICOLE. — Vous me dites de pousser.

MONSIEUR JOURDAIN. — Oui; mais tu me pousses en tierce, avant que de pousser en quarte, et tu n'as pas la patience que je pare.

MADAME JOURDAIN. — Vous êtes fou, mon mari, avec toutes vos fantaisies, et cela vous est venu depuis que vous vous mêlez de hanter la noblesse.

MONSIEUR JOURDAIN. — Lorsque je hante la noblesse, je fais paraître mon jugement, et cela est plus beau que de hanter votre bourgeoisie.

MADAME JOURDAIN. — Çamon vraiment ! il y a fort à gagner à fréquenter vos nobles, et vous avez bien opéré avec ce beau Monsieur le comte dont vous vous êtes embéguiné.

MONSIEUR JOURDAIN. — Paix ! Songez à ce que vous dites. Savez-vous bien, ma femme, que vous ne savez pas de qui vous parlez, quand vous parlez de lui ? C'est une personne d'importance plus que vous ne pensez, un seigneur que l'on considère à la cour, et qui parle au Roi tout comme je vous parle. N'est-ce pas une chose qui m'est tout à fait honorable, que l'on voie venir chez moi si souvent une personne de cette qualité, qui m'appelle son cher ami, et me traite comme si j'étais son égal ? Il a pour moi des bontés qu'on ne devinerait jamais ; et, devant tout le monde, il me fait des caresses dont je suis moi-même confus.

MADAME JOURDAIN. — Oui, il a des bontés pour vous, et vous fait des caresses ; mais il vous emprunte votre argent.

MONSIEUR JOURDAIN. — Hé bien ! ne m'est-ce pas de l'honneur, de prêter de l'argent à un homme de cette condition-là ? et puis-je faire moins pour un seigneur qui m'appelle son cher ami ?

MADAME JOURDAIN. — Et ce seigneur, que fait-il pour vous ?

MONSIEUR JOURDAIN. — Des choses dont on serait étonné, si on les savait.

MADAME JOURDAIN. — Et quoi ?

MONSIEUR JOURDAIN. — Baste, je ne puis pas m'expliquer. Il suffit que si je lui ai prêté de l'argent, il me le rendra bien, et avant qu'il soit peu.

MADAME JOURDAIN. — Oui, attendez-vous à cela.

MONSIEUR JOURDAIN. — Assurément : ne me l'a-t-il pas dit ?

MADAME JOURDAIN. — Oui, oui : il ne manquera pas d'y faillir.

MONSIEUR JOURDAIN. — Il m'a juré sa foi de gentil-homme.

MADAME JOURDAIN. — Chansons.

MONSIEUR JOURDAIN. — Ouais, vous êtes bien obstinée, ma femme. Je vous dis qu'il me tiendra parole, j'en suis sûr.

MADAME JOURDAIN. — Et moi, je suis sûre que non, et que toutes les caresses qu'il vous fait ne sont que pour vous enjôler.

MONSIEUR JOURDAIN. — Taisez-vous : le voici.

MADAME JOURDAIN. — Il ne nous faut plus que cela. Il vient peut-être encore vous faire quelque emprunt ; et il me semble que j'ai dîné quand je le vois.

MONSIEUR JOURDAIN. — Taisez-vous, vous dis-je.

SCÈNE IV
DORANTE, MONSIEUR JOURDAIN, MADAME JOURDAIN,
NICOLE

DORANTE. — Mon cher ami, Monsieur Jourdain, com-ment vous portez-vous ?

MONSIEUR JOURDAIN. — Fort bien, Monsieur, pour vous rendre mes petits services.

DORANTE. — Et Madame Jourdain que voilà comment se porte-t-elle ?

MADAME JOURDAIN. — Madame Jourdain se porte comme elle peut.

DORANTE. — Comment, Monsieur Jourdain ? vous voilà le plus propre du monde !

MONSIEUR JOURDAIN. — Vous voyez.

DORANTE. — Vous avez tout à fait bon air avec cet habit, et nous n'avons point de jeunes gens à la cour qui soient mieux faits que vous.

MONSIEUR JOURDAIN. — Hay, hay.

MADAME JOURDAIN. — Il le gratte par où il se démange.

DORANTE. — Tournez-vous. Cela est tout à fait galant.

MADAME JOURDAIN. — Oui, aussi sot par derrière que par devant.

DORANTE. — Ma foi ! Monsieur Jourdain, j'avais une

impatience étrange de vous voir. Vous êtes l'homme du monde que j'estime le plus, et je parlais de vous encore ce matin dans la chambre du Roi.

MONSIEUR JOURDAIN. — Vous me faites beaucoup d'honneur, Monsieur. *(A Madame Jourdain.)* Dans la chambre du Roi!

DORANTE. — Allons, mettez...

MONSIEUR JOURDAIN. — Monsieur, je sais le respect que je vous dois.

DORANTE. — Mon Dieu! mettez : point de cérémonie entre nous, je vous prie.

MONSIEUR JOURDAIN. — Monsieur...

DORANTE. — Mettez, vous dis-je, Monsieur Jourdain : vous êtes mon ami.

MONSIEUR JOURDAIN. — Monsieur, je suis votre serviteur.

DORANTE. — Je ne me couvrirai point, si vous ne vous couvrez.

MONSIEUR JOURDAIN. — J'aime mieux être incivil qu'importun.

DORANTE. — Je suis votre débiteur, comme vous le savez.

MADAME JOURDAIN. — Oui, nous ne le savons que trop.

DORANTE. — Vous m'avez généreusement prêté de l'argent en plusieurs occasions, et vous m'avez obligé de la meilleure grâce du monde, assurément.

MONSIEUR JOURDAIN. — Monsieur, vous vous moquez.

DORANTE. — Mais je sais rendre ce qu'on me prête, et reconnaître les plaisirs qu'on me fait.

MONSIEUR JOURDAIN. — Je n'en doute point, Monsieur.

DORANTE. — Je veux sortir d'affaire avec vous, et je viens ici pour faire nos comptes ensemble.

MONSIEUR JOURDAIN. — Hé bien! vous voyez votre impertinence, ma femme.

DORANTE. — Je suis homme qui aime à m'acquitter le plus tôt que je puis.

MONSIEUR JOURDAIN. — Je vous le disais bien.

DORANTE. — Voyons un peu ce que je vous dois.

MONSIEUR JOURDAIN. — Vous voilà, avec vos soupçons ridicules.

DORANTE. — Vous souvenez-vous bien de tout l'argent que vous m'avez prêté ?

MONSIEUR JOURDAIN. — Je crois que oui. J'en ai fait un petit mémoire. Le voici. Donné à vous une fois deux cents louis.

DORANTE. — Cela est vrai.

MONSIEUR JOURDAIN. — Une autre fois, six-vingts.

DORANTE. — Oui.

MONSIEUR JOURDAIN. — Et une autre fois, cent quarante.

DORANTE. — Vous avez raison.

MONSIEUR JOURDAIN. — Ces trois articles font quatre cent soixante louis, qui valent cinq mille soixante livres.

DORANTE. — Le compte est fort bon. Cinq mille soixante livres.

MONSIEUR JOURDAIN. — Mille huit cent trente-deux livres à votre plumassier.

DORANTE. — Justement.

MONSIEUR JOURDAIN. — Deux mille sept cent quatre-vingts livres à votre tailleur.

DORANTE. — Il est vrai.

MONSIEUR JOURDAIN. — Quatre mille trois cent septante-neuf livres douze sols huit deniers à votre marchand.

DORANTE. — Fort bien. Douze sols huit deniers : le compte est juste.

MONSIEUR JOURDAIN. — Et mille sept cent quarante-huit livres sept sols quatre deniers à votre sellier.

DORANTE. — Tout cela est véritable. Qu'est-ce que cela fait ?

MONSIEUR JOURDAIN. — Somme totale, quinze mille huit cents livres.

DORANTE. — Somme totale est juste : quinze mille huit cents livres. Mettez encore deux cents pistoles que vous m'allez donner, cela fera justement dix-huit mille francs que je vous payerai au premier jour.

MADAME JOURDAIN. — Hé bien ! ne l'avais-je pas bien deviné ?

MONSIEUR JOURDAIN. — Paix !

DORANTE. — Cela vous incommodera-t-il, de me donner ce que je vous dis ?

MONSIEUR JOURDAIN. — Eh non!

MADAME JOURDAIN. — Cet homme-là fait de vous une vache à lait.

MONSIEUR JOURDAIN. — Taisez-vous.

DORANTE. — Si cela vous incommode, j'en irai chercher ailleurs.

MONSIEUR JOURDAIN. — Non, Monsieur.

MADAME JOURDAIN. — Il ne sera pas content, qu'il ne vous ait ruiné.

MONSIEUR JOURDAIN. — Taisez-vous, vous dis-je.

DORANTE. — Vous n'avez qu'à me dire si cela vous embarrasse.

MONSIEUR JOURDAIN. — Point, Monsieur.

MADAME JOURDAIN. — C'est un vrai enjôleur.

MONSIEUR JOURDAIN. — Taisez-vous donc.

MADAME JOURDAIN. — Il vous sucera jusqu'au dernier sou.

MONSIEUR JOURDAIN. — Vous tairez-vous?

DORANTE. — J'ai force gens qui m'en prêteraient avec joie; mais, comme vous êtes mon meilleur ami, j'ai cru que je vous ferais tort si j'en demandais à quelque autre.

MONSIEUR JOURDAIN. — C'est trop d'honneur, Monsieur, que vous me faites. Je vais quérir votre affaire.

MADAME JOURDAIN. — Quoi? vous allez encore lui donner cela?

MONSIEUR JOURDAIN. — Que faire? voulez-vous que je refuse un homme de cette condition-là, qui a parlé de moi ce matin dans la chambre du Roi?

MADAME JOURDAIN. — Allez, vous êtes une vraie dupe.

SCÈNE V
DORANTE, MADAME JOURDAIN, NICOLE

DORANTE. — Vous me semblez toute mélancolique : qu'avez-vous, Madame Jourdain?

MADAME JOURDAIN. — J'ai la tête plus grosse que le poing, et si elle n'est pas enflée.

DORANTE. — Mademoiselle votre fille, où est-elle, que je ne la vois point?

MADAME JOURDAIN. — Mademoiselle ma fille est bien où elle est.

DORANTE. — Comment se porte-t-elle?

MADAME JOURDAIN. — Elle se porte sur ses deux jambes.

DORANTE. — Ne voulez-vous point un de ces jours venir voir, avec elle, le ballet et la comédie que l'on fait chez le Roi?

MADAME JOURDAIN. — Oui vraiment, nous avons fort envie de rire, fort envie de rire nous avons.

DORANTE. — Je pense, Madame Jourdain, que vous avez eu bien des amants dans votre jeune âge, belle et d'agréable humeur comme vous étiez.

MADAME JOURDAIN. — Trédame, Monsieur, est-ce que Madame Jourdain est décrépite, et la tête lui grouille-t-elle déjà?

DORANTE. — Ah! ma foi! Madame Jourdain, je vous demande pardon. Je ne songeais pas que vous êtes jeune, et je rêve le plus souvent. Je vous prie d'excuser mon impertinence.

SCÈNE VI
MONSIEUR JOURDAIN, MADAME JOURDAIN,
DORANTE, NICOLE

MONSIEUR JOURDAIN. — Voilà deux cents louis bien comptés.

DORANTE. — Je vous assure, Monsieur Jourdain, que je suis tout à vous, et que je brûle de vous rendre un service à la cour.

MONSIEUR JOURDAIN. — Je vous suis trop obligé.

DORANTE. — Si Madame Jourdain veut voir le divertissement royal, je lui ferai donner les meilleures places de la salle.

MADAME JOURDAIN. — Madame Jourdain vous baise les mains.

DORANTE, *bas, à Monsieur Jourdain*. — Notre belle marquise, comme je vous ai mandé par mon billet, viendra tantôt ici pour le ballet et le repas, et je l'ai fait consentir enfin au cadeau que vous lui voulez donner.

MONSIEUR JOURDAIN. — Tirons-nous un peu plus loin, pour cause.

DORANTE. — Il y a huit jours que je ne vous ai vu, et je

ne vous ai point mandé de nouvelles du diamant que vous me mîtes entre les mains pour lui en faire présent de votre part ; mais c'est que j'ai eu toutes les peines du monde à vaincre son scrupule, et ce n'est que d'aujourd'hui qu'elle s'est résolue à l'accepter.

MONSIEUR JOURDAIN. — Comment l'a-t-elle trouvé ?

DORANTE. — Merveilleux ; et je me trompe fort, ou la beauté de ce diamant fera pour vous sur son esprit un effet admirable.

MONSIEUR JOURDAIN. — Plût au Ciel !

MADAME JOURDAIN. — Quand il est une fois avec lui, il ne peut le quitter.

DORANTE. — Je lui ai fait valoir comme il faut la richesse de ce présent et la grandeur de votre amour.

MONSIEUR JOURDAIN. — Ce sont, Monsieur, des bontés qui m'accablent ; et je suis dans une confusion la plus grande du monde, de voir une personne de votre qualité s'abaisser pour moi à ce que vous faites.

DORANTE. — Vous moquez-vous ? Est-ce qu'entre amis on s'arrête à ces sortes de scrupules ? et ne feriez-vous pas pour moi la même chose, si l'occasion s'en offrait ?

MONSIEUR JOURDAIN. — Ho ! assurément, et de très grand cœur.

MADAME JOURDAIN. — Que sa présence me pèse sur les épaules !

DORANTE. — Pour moi, je ne regarde rien, quand il faut servir un ami ; et lorsque vous me fîtes confidence de l'ardeur que vous aviez prise pour cette marquise agréable chez qui j'avais commerce, vous vîtes que d'abord je m'offris de moi-même à servir votre amour.

MONSIEUR JOURDAIN. — Il est vrai, ce sont des bontés qui me confondent.

MADAME JOURDAIN. — Est-ce qu'il ne s'en ira point ?

NICOLE. — Ils se trouvent bien ensemble.

DORANTE. — Vous avez pris le bon biais pour toucher son cœur : les femmes aiment surtout les dépenses qu'on fait pour elles ; et vos fréquentes sérénades, et vos bouquets continuels, ce superbe feu d'artifice qu'elle trouva sur l'eau, le diamant qu'elle a reçu de votre part, et le cadeau que vous lui préparez, tout cela lui parle bien mieux en faveur de votre amour que toutes les paroles que vous auriez pu lui dire vous-même.

MONSIEUR JOURDAIN. — Il n'y a point de dépenses que je ne fisse, si par là je pouvais trouver le chemin de son cœur. Une femme de qualité a pour moi des charmes ravissants, et c'est un honneur que j'achèterais au prix de toute chose.

MADAME JOURDAIN. — Que peuvent-ils tant dire ensemble? Va-t'en un peu tout doucement prêter l'oreille.

DORANTE. — Ce sera tantôt que vous jouirez à votre aise du plaisir de sa vue, et vos yeux auront tout le temps de se satisfaire.

MONSIEUR JOURDAIN. — Pour être en pleine liberté, j'ai fait en sorte que ma femme ira dîner chez ma sœur, où elle passera toute l'après-dînée.

DORANTE. — Vous avez fait prudemment, et votre femme aurait pu nous embarrasser. J'ai donné pour vous l'ordre qu'il faut au cuisinier, et à toutes les choses qui sont nécessaires pour le ballet. Il est de mon invention; et pourvu que l'exécution puisse répondre à l'idée, je suis sûr qu'il sera trouvé...

MONSIEUR JOURDAIN *s'aperçoit que Nicole écoute, et lui donne un soufflet.* — Ouais, vous êtes bien impertinente. Sortons, s'il vous plaît.

SCÈNE VII
MADAME JOURDAIN, NICOLE

NICOLE. — Ma foi! Madame, la curiosité m'a coûté quelque chose; mais je crois qu'il y a quelque anguille sous roche, et ils parlent de quelque affaire où ils ne veulent pas que vous soyez.

MADAME JOURDAIN. — Ce n'est pas d'aujourd'hui, Nicole, que j'ai conçu des soupçons de mon mari. Je suis la plus trompée du monde, ou il y a quelque amour en campagne, et je travaille à découvrir ce que ce peut être. Mais songeons à ma fille. Tu sais l'amour que Cléonte a pour elle. C'est un homme qui me revient, et je veux aider sa recherche, et lui donner Lucile, si je puis.

NICOLE. — En vérité, Madame, je suis la plus ravie du

monde de vous voir dans ces sentiments ; car, si le maître vous revient, le valet ne me revient pas moins, et je souhaiterais que notre mariage se pût faire à l'ombre du leur.

MADAME JOURDAIN. — Va-t'en lui parler de ma part, et lui dire que tout à l'heure il me vienne trouver, pour faire ensemble à mon mari la demande de ma fille.

NICOLE. — J'y cours, Madame, avec joie, et je ne pouvais recevoir une commission plus agréable. Je vais, je pense, bien réjouir les gens.

SCÈNE VIII
CLÉONTE, COVIELLE, NICOLE

NICOLE. — Ah ! vous voilà tout à propos. Je suis une ambassadrice de joie, et je viens...

CLÉONTE. — Retire-toi, perfide, et ne me viens point amuser avec tes traîtresses paroles.

NICOLE. — Est-ce ainsi que vous recevez...?

CLÉONTE. — Retire-toi, te dis-je, et va-t'en dire de ce pas à ton infidèle maîtresse qu'elle n'abusera de sa vie le trop simple Cléonte.

NICOLE. — Quel vertigo est-ce donc là ? Mon pauvre Covielle, dis-moi un peu ce que cela veut dire.

COVIELLE. — Ton pauvre Covielle, petite scélérate ! Allons vite, ôte-toi de mes yeux, vilaine, et me laisse en repos.

NICOLE. — Quoi ? tu me viens aussi...

COVIELLE. — Ote-toi de mes yeux, te dis-je, et ne me parle de ta vie.

NICOLE. — Ouais ! Quelle mouche les a piqués tous deux ? Allons de cette belle histoire informer ma maîtresse.

SCÈNE IX
CLÉONTE, COVIELLE

CLÉONTE. — Quoi ? traiter un amant de la sorte, et un amant le plus fidèle et le plus passionné de tous les amants ?

COVIELLE. — C'est une chose épouvantable, que ce qu'on nous fait à tous deux.

CLÉONTE. — Je fais voir pour une personne toute l'ardeur et toute la tendresse qu'on peut imaginer; je n'aime rien au monde qu'elle, et je n'ai qu'elle dans l'esprit; elle fait tous mes soins, tous mes désirs, toute ma joie, je ne parle que d'elle, je ne pense qu'à elle, je ne fais des songes que d'elle, je ne respire que par elle, mon cœur vit tout en elle; et voilà de tant d'amitié la digne récompense! Je suis deux jours sans la voir, qui sont pour moi deux siècles effroyables; je la rencontre par hasard; mon cœur, à cette vue, se sent tout transporté, ma joie éclate sur mon visage, je vole avec ravissement vers elle; et l'infidèle détourne de moi ses regards, et passe brusquement, comme si de sa vie elle ne m'avait vu!

COVIELLE. — Je dis les mêmes choses que vous.

CLÉONTE. — Peut-on rien voir d'égal, Covielle, à cette perfidie de l'ingrate Lucile?

COVIELLE. — Et à celle, Monsieur, de la pendarde de Nicole?

CLÉONTE. — Après tant de sacrifices ardents, de soupirs, de vœux que j'ai faits à ses charmes!

COVIELLE. — Après tant d'assidus hommages, de soins et de services que je lui ai rendus dans sa cuisine!

CLÉONTE. — Tant de larmes que j'ai versées à ses genoux!

COVIELLE. — Tant de seaux d'eau que j'ai tirés au puits pour elle!

CLÉONTE. — Tant d'ardeur que j'ai fait paraître à la chérir plus que moi-même.

COVIELLE. — Tant de chaleur que j'ai soufferte à tourner la broche à sa place!

CLÉONTE. — Elle me fuit avec mépris!

COVIELLE. — Elle me tourne le dos avec effronterie.

CLÉONTE. — C'est une perfidie digne des plus grands châtiments.

COVIELLE. — C'est une trahison à mériter mille soufflets.

CLÉONTE. — Ne t'avise point, je te prie, de me parler jamais pour elle.

COVIELLE. — Moi, Monsieur! Dieu m'en garde!

CLÉONTE. — Ne viens point m'excuser l'action de cette infidèle.

COVIELLE. — N'ayez pas peur.

CLÉONTE. — Non, vois-tu, tous tes discours pour la défendre ne serviront de rien.

COVIELLE. — Qui songe à cela?

CLÉONTE. — Je veux contre elle conserver mon ressentiment, et rompre ensemble tout commerce.

COVIELLE. — J'y consens.

CLÉONTE. — Ce Monsieur le Comte qui va chez elle lui donne peut-être dans la vue; et son esprit, je le vois bien, se laisse éblouir à la qualité. Mais il me faut, pour mon honneur, prévenir l'éclat de son inconstance. Je veux faire autant de pas qu'elle au changement où je la vois courir, et ne lui laisser pas toute la gloire de me quitter.

COVIELLE. — C'est fort bien dit, et j'entre pour mon compte dans tous vos sentiments.

CLÉONTE. — Donne la main à mon dépit, et soutiens ma résolution contre tous les restes d'amour qui me pourraient parler pour elle. Dis-m'en, je t'en conjure, tout le mal que tu pourras; fais-moi de sa personne une peinture qui me la rende méprisable; et marque-moi bien, pour m'en dégoûter, tous les défauts que tu peux voir en elle.

COVIELLE. — Elle, Monsieur! voilà une belle mijaurée, une pimpesouée bien bâtie, pour vous donner tant d'amour! Je ne lui vois rien que de très médiocre, et vous trouverez cent personnes qui seront plus dignes de vous. Premièrement, elle a les yeux petits.

CLÉONTE. — Cela est vrai, elle a les yeux petits; mais elle les a pleins de feu, les plus brillants, les plus perçants du monde, les plus touchants qu'on puisse voir.

COVIELLE. — Elle a la bouche grande.

CLÉONTE. — Oui; mais on y voit des grâces qu'on ne voit point aux autres bouches; et cette bouche, en la voyant, inspire des désirs, est la plus attrayante, la plus amoureuse du monde.

COVIELLE. — Par sa taille, elle n'est pas grande.

CLÉONTE. — Non; mais elle est aisée et bien prise.

COVIELLE. — Elle affecte une nonchalance dans son parler, et dans ses actions.

CLÉONTE. — Il est vrai ; mais elle a grâce à tout cela, et ses manières si engageantes, ont je ne sais quel charme à s'insinuer dans les cœurs.

COVIELLE. — Pour de l'esprit...

CLÉONTE. — Ah ! elle en a, Covielle, du plus fin, du plus délicat.

COVIELLE. — Sa conversation...

CLÉONTE. — Sa conversation est charmante.

COVIELLE. — Elle est toujours sérieuse.

CLÉONTE. — Veux-tu de ces enjouements épanouis, de ces joies toujours ouvertes ? et vois-tu rien de plus impertinent que des femmes qui rient à tout propos ?

COVIELLE. — Mais enfin elle est capricieuse autant que personne du monde.

CLÉONTE. — Oui, elle est capricieuse, j'en demeure d'accord ; mais tout sied bien aux belles, on souffre tout des belles.

COVIELLE. — Puisque cela va comme cela, je vois bien que vous avez envie de l'aimer toujours.

CLÉONTE. — Moi, j'aimerais mieux mourir ; et je vais la haïr autant que je l'ai aimée.

COVIELLE. — Le moyen, si vous la trouvez si parfaite ?

CLÉONTE. — C'est en quoi ma vengeance sera plus éclatante, en quoi je veux faire mieux voir la force de mon cœur, à la haïr, à la quitter, toute belle, toute pleine d'attraits, toute aimable que je la trouve. La voici.

SCÈNE X
CLÉONTE, LUCILE, COVIELLE, NICOLE

NICOLE. — Pour moi, j'en ai été toute scandalisée.

LUCILE. — Ce ne peut être, Nicole, que ce que je te dis. Mais le voilà.

CLÉONTE. — Je ne veux pas seulement lui parler.

COVIELLE. — Je veux vous imiter.

LUCILE. — Qu'est-ce donc, Cléonte ? qu'avez-vous ?

NICOLE. — Qu'as-tu donc, Covielle ?

LUCILE. — Quel chagrin vous possède ?

NICOLE. — Quelle mauvaise humeur te tient ?

LUCILE. — Êtes-vous muet, Cléonte ?

NICOLE. — As-tu perdu la parole, Covielle ?

CLÉONTE. — Que voilà qui est scélérat!

COVIELLE. — Que cela est Judas!

LUCILE. — Je vois bien que la rencontre de tantôt a troublé votre esprit.

CLÉONTE. — Ah! ah! on voit ce qu'on a fait.

NICOLE. — Notre accueil de ce matin t'a fait prendre la chèvre.

COVIELLE. — On a deviné l'enclouure.

LUCILE. — N'est-il pas vrai, Cléonte, que c'est là le sujet de votre dépit?

CLÉONTE. — Oui, perfide, ce l'est, puisqu'il faut parler; et j'ai à vous dire que vous ne triompherez pas comme vous pensez de votre infidélité, que je veux être le premier à rompre avec vous, et que vous n'aurez pas l'avantage de me chasser. J'aurai de la peine, sans doute, à vaincre l'amour que j'ai pour vous, cela me causera des chagrins, je souffrirai un temps; mais j'en viendrai à bout, et je me percerai plutôt le cœur que d'avoir la faiblesse de retourner à vous.

COVIELLE. — Queussi, queumi.

LUCILE. — Voilà bien du bruit pour un rien. Je veux vous dire, Cléonte, le sujet qui m'a fait ce matin éviter votre abord.

CLÉONTE. — Non, je ne veux rien écouter.

NICOLE. — Je te veux apprendre la cause qui nous a fait passer si vite.

COVIELLE. — Je ne veux rien entendre.

LUCILE. — Sachez que ce matin...

CLÉONTE. — Non, vous dis-je.

NICOLE. — Apprends que...

COVIELLE. — Non, traîtresse.

LUCILE. — Écoutez.

CLÉONTE. — Point d'affaire.

NICOLE. — Laisse-moi dire.

COVIELLE. — Je suis sourd.

LUCILE. — Cléonte.

CLÉONTE. — Non.

NICOLE. — Covielle.

COVIELLE. — Point.

LUCILE. — Arrêtez.

CLÉONTE. — Chansons.

NICOLE. — Entends-moi.

COVIELLE. — Bagatelles.

LUCILE. — Un moment.

CLÉONTE. — Point du tout.

NICOLE. — Un peu de patience.

COVIELLE. — Tarare.

LUCILE. — Deux paroles.

CLÉONTE. — Non, c'en est fait.

NICOLE. — Un mot.

COVIELLE. — Plus de commerce.

LUCILE. — Hé bien! puisque vous ne voulez pas m'écouter, demeurez dans votre pensée, et faites ce qu'il vous plaira.

NICOLE. — Puisque tu fais comme cela, prends-le tout comme tu voudras.

CLÉONTE. — Sachons donc le sujet d'un si bel accueil.

LUCILE. — Il ne me plaît plus de le dire.

COVIELLE. — Apprends-nous un peu cette histoire.

NICOLE. — Je ne veux plus, moi, te l'apprendre.

CLÉONTE. — Dites-moi...

LUCILE. — Non, je ne veux rien dire.

COVIELLE. — Conte-moi...

NICOLE. — Non, je ne conte rien.

CLÉONTE. — De grâce.

LUCILE. — Non, vous dis-je.

COVIELLE. — Par charité.

NICOLE. — Point d'affaire.

CLÉONTE. — Je vous en prie.

LUCILE. — Laissez-moi.

COVIELLE. — Je t'en conjure.

NICOLE. — Ote-toi de là.

CLÉONTE. — Lucile.

LUCILE. — Non.

COVIELLE. — Nicole.

NICOLE. — Point.

CLÉONTE. — Au nom des Dieux!

LUCILE. — Je ne veux pas.

COVIELLE. — Parle-moi.

NICOLE. — Point du tout.

CLÉONTE. — Éclaircissez mes doutes.

LUCILE. — Non, je n'en ferai rien.

COVIELLE. — Guéris-moi l'esprit.

NICOLE. — Non, il ne me plaît pas.

CLÉONTE. — Hé bien! puisque vous vous souciez si peu de me tirer de peine, et de vous justifier du traitement indigne que vous avez fait à ma flamme, vous me voyez, ingrate, pour la dernière fois, et je vais loin de vous mourir de douleur et d'amour.

COVIELLE. — Et moi, je vais suivre ses pas.

LUCILE. — Cléonte.

NICOLE. — Covielle.

CLÉONTE. — Eh?

COVIELLE. — Plaît-il?

LUCILE. — Où allez-vous?

CLÉONTE. — Où je vous ai dit.

COVIELLE. — Nous allons mourir.

LUCILE. — Vous allez mourir, Cléonte?

CLÉONTE. — Oui, cruelle, puisque vous le voulez.

LUCILE. — Moi, je veux que vous mouriez?

CLÉONTE. — Oui, vous le voulez.

LUCILE. — Qui vous le dit?

CLÉONTE. — N'est-ce pas le vouloir, que de ne vouloir pas éclaircir mes soupçons!

LUCILE. — Est-ce ma faute? et si vous aviez voulu m'écouter, ne vous aurais-je pas dit que l'aventure dont vous vous plaigniez a été causée ce matin par la présence d'une vieille tante, qui veut à toute force que la seule approche d'un homme déshonore une fille, qui perpétuellement nous sermonne sur ce chapitre, et nous figure tous les hommes comme des diables qu'il faut fuir.

NICOLE. — Voilà le secret de l'affaire.

CLÉONTE. — Ne me trompez-vous point, Lucile?

COVIELLE. — Ne m'en donnes-tu point à garder?

LUCILE. — Il n'est rien de plus vrai.

NICOLE. — C'est la chose comme elle est.

COVIELLE. — Nous rendrons-nous à cela?

CLÉONTE. — Ah! Lucile, qu'avec un mot de votre bouche vous savez apaiser de choses dans mon cœur! et que facilement on se laisse persuader aux personnes qu'on aime!

COVIELLE. — Qu'on est aisément amadoué par ces diantres d'animaux-là !

SCÈNE XI
MADAME JOURDAIN, CLÉONTE,
LUCILE, COVIELLE, NICOLE

MADAME JOURDAIN. — Je suis bien aise de vous voir, Cléonte, et vous voilà tout à propos. Mon mari vient ; prenez vite votre temps pour lui demander Lucile en mariage.

CLÉONTE. — Ah ! Madame, que cette parole m'est douce, et qu'elle flatte mes désirs ! Pouvais-je recevoir un ordre plus charmant ? Une faveur plus précieuse ?

SCÈNE XII
MONSIEUR JOURDAIN, MADAME JOURDAIN,
CLÉONTE, LUCILE, COVIELLE, NICOLE

CLÉONTE. — Monsieur, je n'ai voulu prendre personne pour vous faire une demande que je médite il y a longtemps. Elle me touche assez pour m'en charger moi-même ; et, sans autre détour, je vous dirai que l'honneur d'être votre gendre est une faveur glorieuse que je vous prie de m'accorder.

MONSIEUR JOURDAIN. — Avant que de vous rendre réponse, Monsieur, je vous prie de me dire si vous êtes gentilhomme.

CLÉONTE. — Monsieur, la plupart des gens sur cette question n'hésitent pas beaucoup. On tranche le mot aisément. Ce nom ne fait aucun scrupule à prendre, et l'usage aujourd'hui semble en autoriser le vol. Pour moi, je vous l'avoue, j'ai les sentiments sur cette matière un peu plus délicats : je trouve que toute imposture est indigne d'un honnête homme, et qu'il y a de la lâcheté à déguiser ce que le Ciel nous a fait naître, à se parer aux yeux du monde d'un titre dérobé, à se vouloir donner pour ce qu'on n'est pas. Je suis né de parents, sans doute, qui ont tenu des charges honorables. Je me suis acquis dans les armes l'honneur de six ans de services, et je me trouve assez de bien pour tenir dans le monde un rang assez passable. Mais, avec tout cela, je ne veux point me donner un nom où d'autres en ma place croiraient pouvoir prétendre, et je vous dirai franchement que je ne suis point gentilhomme.

MONSIEUR JOURDAIN. — Touchez là, Monsieur : ma fille n'est pas pour vous.

CLÉONTE. — Comment ?

MONSIEUR JOURDAIN. — Vous n'êtes point gentilhomme, vous n'aurez pas ma fille.

MADAME JOURDAIN. — Que voulez-vous donc dire avec votre gentilhomme ? est-ce que nous sommes, nous autres, de la côte de saint Louis.

MONSIEUR JOURDAIN. — Taisez-vous, ma femme : je vous vois venir.

MADAME JOURDAIN. — Descendons-nous tous deux que de bonne bourgeoisie ?

MONSIEUR JOURDAIN. — Voilà pas le coup de langue !

MADAME JOURDAIN. — Et votre père n'était-il pas marchand aussi bien que le mien ?

MONSIEUR JOURDAIN. — Peste soit de la femme ! Elle n'y a jamais manqué. Si votre père a été marchand, tant pis pour lui ; mais pour le mien, ce sont des malavisés qui disent cela. Tout ce que j'ai à vous dire, moi, c'est que je veux avoir un gendre gentilhomme.

MADAME JOURDAIN. — Il faut à votre fille un mari qui lui soit propre, et il vaut mieux pour elle un honnête homme riche et bien fait qu'un gentilhomme gueux et mal bâti.

NICOLE. — Cela est vrai. Nous avons le fils du gentilhomme de notre village, qui est le plus grand malitorne et le plus sot dadais que j'aie jamais vu.

MONSIEUR JOURDAIN. — Taisez-vous, impertinente. Vous vous fourrez toujours dans la conversation. J'ai du bien assez pour ma fille, je n'ai besoin que d'honneur, et je la veux faire marquise.

MADAME JOURDAIN. — Marquise ?

MONSIEUR JOURDAIN. — Oui, marquise.

MADAME JOURDAIN. — Hélas ! Dieu m'en garde !

MONSIEUR JOURDAIN. — C'est une chose que j'ai résolue.

MADAME JOURDAIN. — C'est une chose, moi, où je ne consentirai point. Les alliances avec plus grand que soi sont sujettes toujours à de fâcheux inconvénients. Je ne veux point qu'un gendre puisse à ma fille reprocher ses parents, et qu'elle ait des enfants qui aient honte de m'appeler leur grand-maman. S'il fallait qu'elle me vînt visiter en équipage de grande-dame, et qu'elle manquât par mégarde à saluer quelqu'un du quartier, on ne manquerait pas aussitôt de dire cent sottises. « Voyez-vous, dirait-on, cette Madame la Marquise qui fait tant la glorieuse ? c'est la fille de Monsieur Jourdain, qui était trop heureuse, étant petite, de jouer à la Madame avec nous. Elle n'a pas toujours été si relevée que la voilà, et ses deux grands-pères vendaient du drap auprès de la porte Saint-Innocent. Ils ont amassé du bien à leurs enfants, qu'ils payent maintenant peut-être bien cher en l'autre monde, et l'on ne devient guère si riches à être honnêtes gens. » Je ne veux point tous ces caquets, et je veux un homme, en un mot, qui m'ait obligation de ma fille, et à qui je puisse dire : « Mettez-vous là, mon gendre, et dînez avec moi. »

MONSIEUR JOURDAIN. — Voilà bien les sentiments d'un petit esprit, de vouloir demeurer toujours dans la bassesse. Ne me répliquez pas davantage : ma fille sera marquise en dépit de tout le monde ; et si vous me mettez en colère, je la ferai duchesse.

MADAME JOURDAIN. — Cléonte, ne perdez point courage encore. Suivez-moi, ma fille, et venez dire résolument à votre père que si vous ne l'avez, vous ne voulez épouser personne.

SCÈNE XIII
CLÉONTE, COVIELLE

COVIELLE. — Vous avez fait de belles affaires avec vos beaux sentiments.

CLÉONTE. — Que veux-tu ? j'ai un scrupule là-dessus, que l'exemple ne saurait vaincre.

COVIELLE. — Vous moquez-vous, de le prendre sérieusement avec un homme comme cela ? Ne voyez-vous pas qu'il est fou ? et vous coûtait-il quelque chose de vous accommoder à ses chimères ?

CLÉONTE. — Tu as raison; mais je ne croyais pas qu'il fallût faire ses preuves de noblesse pour être gendre de Monsieur Jourdain.

COVIELLE. — Ah! ah! ah!

CLÉONTE. — De quoi ris-tu?

COVIELLE. — D'une pensée qui me vient pour jouer notre homme, et vous faire obtenir ce que vous souhaitez.

CLÉONTE. — Comment?

COVIELLE. — L'idée est tout à fait plaisante.

CLÉONTE. — Quoi donc?

COVIELLE. — Il s'est fait depuis peu une certaine mascarade qui vient le mieux du monde ici, et que je prétends faire entrer dans une bourle que je veux faire à notre ridicule. Tout cela sent un peu sa comédie; mais avec lui on peut hasarder toute chose, il n'y faut point chercher tant de façons, et il est homme à y jouer son rôle à merveille, à donner aisément dans toutes les fariboles qu'on s'avisera de lui dire. J'ai les acteurs, j'ai les habite tout prêts : laissez-moi faire seulement.

CLÉONTE. — Mais apprends-moi...

COVIELLE. — Je vais vous instruire de tout. Retirons-nous, le voilà qui revient.

SCÈNE XIV
MONSIEUR JOURDAIN, Laquais

MONSIEUR JOURDAIN. — Que diable est-ce là! ils n'ont rien que les grands seigneurs à me reprocher; et moi, je ne vois rien de si beau que de hanter les grands seigneurs : il n'y a qu'honneur et que civilité avec eux, et je voudrais qu'il m'eût coûté deux doigts de la main, et être né comte ou marquis.

LAQUAIS. — Monsieur, voici Monsieur le Comte, et une dame qu'il mène par la main.

MONSIEUR JOURDAIN. — Hé mon Dieu! j'ai quelques ordres à donner. Dis-leur que je vais venir ici tout à l'heure.

SCÈNE XV
DORIMÈNE, DORANTE, Laquais

LAQUAIS. — Monsieur dit comme cela qu'il va venir ici tout à l'heure.

DORANTE. — Voilà qui est bien.

DORIMÈNE. — Je ne sais pas, Dorante, je fais encore ici une étrange démarche, de me laisser amener par vous dans une maison où je ne connais personne.

DORANTE. — Quel lieu voulez-vous donc, Madame, que mon amour choisisse pour vous régaler, puisque, pour fuir l'éclat, vous ne voulez ni votre maison, ni la mienne?

DORIMÈNE. — Mais vous ne dites pas que je m'engage insensiblement, chaque jour, à recevoir de trop grands témoignages de votre passion? J'ai beau me défendre des choses, vous fatiguez ma résistance, et vous avez une civile opiniâtreté qui me fait venir doucement à tout ce qu'il vous plaît. Les visites fréquentes ont commencé; les déclarations sont venues ensuite, qui après elles ont traîné les sérénades et les cadeaux, que les présents ont suivis. Je me suis opposée à tout cela, mais vous ne vous rebutez point, et, pied à pied, vous gagnez mes résolutions. Pour moi, je ne puis plus répondre de rien, et je crois qu'à la fin vous me ferez venir au mariage, dont je me suis tant éloignée.

DORANTE. — Ma foi! Madame, vous y devriez déjà être. Vous êtes veuve, et ne dépendez que de vous. Je suis maître de moi, et vous aime plus que ma vie. A quoi tient-il que dès aujourd'hui vous ne fassiez tout mon bonheur?

DORIMÈNE. — Mon Dieu! Dorante, il faut des deux parts bien des qualités pour vivre heureusement ensemble; et les deux plus raisonnables personnes du monde ont souvent peine à composer une union dont ils soient satisfaits.

DORANTE. — Vous vous moquez, Madame, de vous y figurer tant de difficultés; et l'expérience que vous avez faite ne conclut rien tous les autres.

DORIMÈNE. — Enfin j'en reviens toujours là : les dépenses que je vous vois faire pour moi m'inquiètent par deux raisons : l'une, qu'elles m'engagent plus que je ne voudrais; et l'autre, que je suis sûre, sans vous déplaire, que vous ne les faites point que vous ne vous incommodiez; et je ne veux point cela.

DORANTE. — Ah! Madame, ce sont des bagatelles; et ce n'est pas par là...

DORIMÈNE. — Je sais ce que je dis; et, entre autres, le diamant que vous m'avez forcée à prendre est d'un prix...

DORANTE. — Eh! Madame, de grâce, ne faites point tant valoir une chose que mon amour trouve indigne de vous; et souffrez... Voici le maître du logis.

SCÈNE XVI

MONSIEUR JOURDAIN, DORIMÈNE, DORANTE, Laquais

MONSIEUR JOURDAIN, *après avoir fait deux révérences, se trouvant trop près de Dorimène.* — Un peu plus loin, Madame.

DORIMÈNE. — Comment?

MONSIEUR JOURDAIN. — Un pas, s'il vous plaît.

DORIMÈNE. — Quoi donc?

MONSIEUR JOURDAIN. — Reculez un peu, pour la troisième.

DORANTE. — Madame, Monsieur Jourdain sait son monde.

MONSIEUR JOURDAIN. — Madame, ce m'est une gloire bien grande de me voir assez fortuné pour être si heureux que d'avoir le bonheur que vous ayez eu la bonté de m'accorder la grâce de me faire l'honneur de m'honorer de la faveur de votre présence; et si j'avais aussi le mérite pour mériter un mérite comme le vôtre, et que le Ciel... envieux de mon bien... m'eût accordé... l'avantage de me voir digne... des...

DORANTE. — Monsieur Jourdain, en voilà assez: Madame n'aime pas les grands compliments, et elle sait que vous êtes homme d'esprit. (*Bas, à Dorimène.*) C'est un bon bourgeois assez ridicule, comme vous voyez, dans toutes ses manières.

DORIMÈNE. — Il n'est pas malaisé de s'en apercevoir.

DORANTE. — Madame, voilà le meilleur de mes amis.

MONSIEUR JOURDAIN. — C'est trop d'honneur que vous me faites.

DORANTE. — Galant homme tout à fait.

DORIMÈNE. — J'ai beaucoup d'estime pour lui.

MONSIEUR JOURDAIN. — Je n'ai rien fait encore, Madame, pour mériter cette grâce.

DORANTE, *bas, à M. Jourdain*. — Prenez bien garde au moins à ne lui point parler du diamant que vous lui avez donné.

MONSIEUR JOURDAIN. — Ne pourrais-je pas seulement lui demander comment elle le trouve?

DORANTE. — Comment? gardez-vous-en bien : cela serait vilain à vous; et pour agir en galant homme, il faut que vous fassiez comme si ce n'était pas vous qui lui eussiez fait ce présent. Monsieur Jourdain, Madame, dit qu'il est ravi de vous voir chez lui.

DORIMÈNE. — Il m'honore beaucoup.

MONSIEUR JOURDAIN. — Que je vous suis obligé, Monsieur, de lui parler ainsi pour moi!

DORANTE. — J'ai eu une peine effroyable à la faire venir ici.

MONSIEUR JOURDAIN. — Je ne sais quelles grâces vous en rendre.

DORANTE. — Il dit, Madame, qu'il vous trouve la plus belle personne du monde.

DORIMÈNE. — C'est bien de la grâce qu'il me fait.

MONSIEUR JOURDAIN. — Madame, c'est vous qui faites les grâces; et...

DORANTE. — Songeons à manger.

LAQUAIS. — Tout est prêt, Monsieur.

DORANTE. — Allons donc nous mettre à table, et qu'on fasse venir les musiciens.

> *Six cuisiniers, qui ont préparé le festin, dansent ensemble, et font le troisième intermède; après quoi, ils apportent une table couverte de plusieurs mets.*

ACTE IV

SCÈNE I

DORIMÈNE, DORANTE, MONSIEUR JOURDAIN,
deux Musiciens, une Musicienne, Laquais

DORIMÈNE. — Comment, Dorante ? voilà un repas tout à fait magnifique !

MONSIEUR JOURDAIN. — Vous vous moquez, Madame, et je voudrais qu'il fût plus digne de vous être offert.

Tous se mettent à table.

DORANTE. — Monsieur Jourdain a raison, Madame, de parler de la sorte, et il m'oblige de vous faire si bien les honneurs de chez lui. Je demeure d'accord avec lui que le repas n'est pas digne de vous. Comme c'est moi qui l'ai ordonné, et que je n'ai pas sur cette matière les lumières de nos amis, vous n'avez pas ici un repas fort savant, et vous y trouverez des incongruités de bonne chère et des barbarismes de bon goût. Si Damis s'en était mêlé, tout serait dans les règles ; il y aurait partout de l'élégance et de l'érudition, et il ne manquerait pas de vous exagérer lui-même toutes les pièces du repas qu'il vous donnerait, et de vous faire tomber d'accord de sa haute capacité dans la science des bons morceaux, de vous parler d'un pain de rive, à biseau doré, relevé de croûte partout, croquant tendrement sous la dent; d'un vin à sève veloutée, armé d'un vert qui n'est point trop commandant; d'un carré de mouton gourmandé de persil; d'une longe de veau de rivière, longue comme cela, blanche, délicate, et qui sous les dents est une vraie pâte d'amande; de perdrix relevées d'un fumet surprenant; et pour son opéra, d'une soupe à bouillon perlé, soutenue d'un jeune gros dindon cantonné de pigeonneaux, et couronnée d'oignons blancs, mariés avec la chicorée. Mais pour moi, je vous avoue mon ignorance; et comme Monsieur Jourdain a fort bien dit, je voudrais que le repas fût plus digne de vous être offert.

DORIMÈNE. — Je ne réponds à ce compliment, qu'en mangeant comme je fais.

MONSIEUR JOURDAIN. — Ah! que voilà de belles mains!

DORIMÈNE. — Les mains sont médiocres, Monsieur Jourdain; mais vous voulez parler du diamant, qui est fort beau.

MONSIEUR JOURDAIN. — Moi, Madame! Dieu me garde d'en vouloir parler; ce ne serait pas agir en galant homme, et le diamant est fort peu de chose.

DORIMÈNE. — Vous êtes bien dégoûté.

MONSIEUR JOURDAIN. — Vous avez trop de bonté...

DORANTE. — Allons, qu'on donne du vin à Monsieur Jourdain, et à ces Messieurs, qui nous feront la grâce de nous chanter un air à boire.

DORIMÈNE. — C'est merveilleusement assaisonner la bonne chère, que d'y mêler la musique, et je me vois ici admirablement régalée.

MONSIEUR JOURDAIN. — Madame, ce n'est pas...

DORANTE. — Monsieur Jourdain, prêtons silence à ces Messieurs; ce qu'ils nous diront vaudra mieux que tout ce que nous pourrions dire.

Les Musiciens et la Musicienne prennent des verres, chantent deux chansons à boire, et sont soutenus de toute la symphonie.

PREMIÈRE CHANSON À BOIRE

Un petit doigt, Philis, pour commencer le tour.
Ah! qu'un verre en vos mains a d'agréables charmes!
Vous et le vin, vous vous prêtez des armes,

Et je sens pour tous deux redoubler mon amour :
Entre lui, vous et moi, jurons, jurons, ma belle,
Une ardeur éternelle.
Qu'en mouillant votre bouche il en reçoit d'attraits,
Et que l'on voit par lui votre bouche embellie!
Ah! l'un de l'autre ils me donnent envie,
Et de vous et de lui je m'envire à longs traits :
Entre lui, vous et moi, jurons, jurons, ma belle,
Une ardeur éternelle.

SECONDE CHANSON À BOIRE

Buvons, chers amis, buvons :
Le temps qui fuit nous y convie;
Profitons de la vie
Autant que nous pouvons.
Quand on a passé l'onde noire,
Adieu le bon vin, nos amours;
Dépêchons-nous de boire,
On ne boit pas toujours.

Laissons raisonner les sots
Sur le vrai bonheur de la vie;
Notre philosophie
Le met parmi les pots.
Les biens, le savoir et la gloire
N'ôtent point les soucis fâcheux,
Et ce n'est qu'à bien boire
Que l'on peut être heureux.
Sus, sus, du vin partout, versez, garçons, versez,
Versez, versez toujours, tant qu'on vous dise assez.

DORIMÈNE. — Je ne crois pas qu'on puisse mieux chanter, et cela est tout à fait beau.

MONSIEUR JOURDAIN. — Je vois encore ici, Madame, quelque chose de plus beau.

DORIMÈNE. — Ouais! Monsieur Jourdain est galant plus que je ne pensais.

DORANTE. — Comment, Madame? pour qui prenez-vous Monsieur Jourdain?

MONSIEUR JOURDAIN. — Je voudrais bien qu'elle me prît pour ce que je dirais.

DORIMÈNE. — Vous ne le connaissez pas.

MONSIEUR JOURDAIN. — Elle me connaîtra quand il lui plaira.

DORIMÈNE. — Oh! je le quitte.

DORANTE. — Il est homme qui a toujours la riposte en main. Mais vous ne voyez pas que Monsieur Jourdain, Madame, mange tous les morceaux que vous touchez.

DORIMÈNE. — Monsieur Jourdain est un homme qui me ravit.

MONSIEUR JOURDAIN. — Si je pouvais ravir votre cœur, je serais...

SCÈNE II
MADAME JOURDAIN, MONSIEUR JOURDAIN,
DORIMÈNE, DORANTE, MUSICIENS, MUSICIENNE, LAQUAIS

MADAME JOURDAIN. — Ah! ah! je trouve ici bonne compagnie, et je vois bien qu'on ne m'y attendait pas. C'est donc pour cette belle affaire-ci, Monsieur mon mari, que vous avez eu tant d'empressement à m'envoyer dîner chez ma sœur? Je viens de voir un théâtre là-bas, et je vois ici un banquet à faire noces. Voilà comme vous dépensez votre bien, et c'est ainsi que vous festinez les dames en mon absence, et que vous leur donnez la musique et la comédie, tandis que vous m'envoyez promener?

DORANTE. — Que voulez-vous dire, Madame Jourdain? et quelles fantaisies sont les vôtres, de vous aller mettre en tête que votre mari dépense son bien, et que c'est lui qui donne ce régal à Madame? Apprenez que c'est moi, je vous prie; qu'il ne fait seulement que me prêter sa maison, et que vous devriez un peu mieux regarder aux choses que vous dites.

MONSIEUR JOURDAIN. — Oui, impertinente, c'est Monsieur le Comte qui donne tout ceci à Madame, qui est une personne de qualité. Il me fait l'honneur de prendre ma maison, et de vouloir que je sois avec lui.

MADAME JOURDAIN. — Ce sont des chansons que cela : je sais ce que je sais.

DORANTE. — Prenez, Madame Jourdain, prenez de meilleures lunettes.

MADAME JOURDAIN. — Je n'ai que faire de lunettes,

Monsieur, et je vois assez clair ; il y a longtemps que je
sens les choses, et je ne suis pas une bête. Cela est fort
vilain à vous, pour un grand seigneur, de prêter la main
comme vous faites aux sottises de mon mari. Et vous,
Madame, pour une grande dame, cela n'est ni beau ni
honnête à vous, de mettre la dissension dans un ménage,
et de souffrir que mon mari soit amoureux de vous.

DORIMÈNE. — Que veut donc dire tout ceci ? Allez,
Dorante, vous vous moquez, de m'exposer aux sottes
visions de cette extravagante.

DORANTE. — Madame, holà ! Madame, où courez-
vous ?

MONSIEUR JOURDAIN. — Madame ! Monsieur le Comte,
faites-lui excuses, et tâchez de la ramener... Ah ! impertinente que vous êtes ! voilà de vos beaux faits ; vous me
venez faire des affronts devant tout le monde, et vous
chassez de chez moi des personnes de qualité.

MADAME JOURDAIN. — Je me moque de leur qualité.

MONSIEUR JOURDAIN. — Je ne sais qui me tient, maudite, que je ne vous fende la tête avec les pièces du repas
que vous êtes venue troubler.

On ôte la table.

MADAME JOURDAIN, *sortant*. — Je me moque de cela. Ce
sont mes droits que je défends, et j'aurai pour moi toutes
les femmes.

MONSIEUR JOURDAIN. — Vous faites bien d'éviter ma
colère. Elle est arrivée là bien malheureusement. J'étais
en humeur de dire de jolies choses, et jamais je ne
m'étais senti tant d'esprit. Qu'est-ce que c'est cela ?

SCÈNE III
COVIELLE, *déguisé*, MONSIEUR JOURDAIN,
LAQUAIS

COVIELLE. — Monsieur, je ne sais pas si j'ai l'honneur
d'être connu de vous.

MONSIEUR JOURDAIN. — Non, Monsieur.

COVIELLE. — Je vous ai vu que vous n'étiez pas plus
grand que cela.

MONSIEUR JOURDAIN. — Moi !

COVIELLE. — Oui, vous étiez le plus bel enfant du

monde, et toutes les dames vous prenaient dans leurs bras pour vous baiser.

MONSIEUR JOURDAIN. — Pour me baiser !

COVIELLE. — Oui. J'étais grand ami de feu Monsieur votre père.

MONSIEUR JOURDAIN. — De feu Monsieur mon père !

COVIELLE. — Oui. C'était un fort honnête gentilhomme.

MONSIEUR JOURDAIN. — Comment dites-vous ?

COVIELLE. — Je dis que c'était un fort honnête gentilhomme.

MONSIEUR JOURDAIN. — Mon père !

COVIELLE. — Oui.

MONSIEUR JOURDAIN. — Vous l'avez fort connu ?

COVIELLE. — Assurément.

MONSIEUR JOURDAIN. — Et vous l'avez connu pour gentilhomme ?

COVIELLE. — Sans doute.

MONSIEUR JOURDAIN. — Je ne sais donc pas comment le monde est fait.

COVIELLE. — Comment ?

MONSIEUR JOURDAIN. — Il y a de sottes gens qui me veulent dire qu'il a été marchand.

COVIELLE. — Lui marchand ! C'est pure médisance, il ne l'a jamais été. Tout ce qu'il faisait, c'est qu'il était fort obligeant, fort officieux ; et comme il se connaissait fort bien en étoffes, il en allait choisir de tous les côtés, les faisait apporter chez lui, et en donnait à ses amis pour de l'argent.

MONSIEUR JOURDAIN. — Je suis ravi de vous connaître, afin que vous rendiez ce témoignage-là, que mon père était gentilhomme.

COVIELLE. — Je le soutiendrai devant tout le monde.

MONSIEUR JOURDAIN. — Vous m'obligerez. Quel sujet vous amène ?

COVIELLE. — Depuis avoir connu feu Monsieur votre père, honnête gentilhomme, comme je vous ai dit, j'ai voyagé par tout le monde.

MONSIEUR JOURDAIN. — Par tout le monde !

COVIELLE. — Oui.

MONSIEUR JOURDAIN. — Je pense qu'il y a bien loin en ce pays-là.

COVIELLE. — Assurément. Je ne suis revenu de tous mes longs voyages que depuis quatre jours; et par l'intérêt que je prends à tout ce qui vous touche, je viens vous annoncer la meilleure nouvelle du monde.

MONSIEUR JOURDAIN. — Quelle?

COVIELLE. — Vous savez que le fils du Grand Turc est ici?

MONSIEUR JOURDAIN. — Moi? Non.

COVIELLE. — Comment? il a un train tout à fait magnifique; tout le monde le va voir, et il a été reçu en ce pays comme un seigneur d'importance.

MONSIEUR JOURDAIN. — Par ma foi! je ne savais pas cela.

COVIELLE. — Ce qu'il y a d'avantageux pour vous, c'est qu'il est amoureux de votre fille.

MONSIEUR JOURDAIN. — Le fils du Grand Turc?

COVIELLE. — Oui; et il veut être votre gendre.

MONSIEUR JOURDAIN. — Mon gendre, le fils du Grand Turc!

COVIELLE. — Le fils du grand Turc, votre gendre. Comme je le fus voir, et que j'entends parfaitement sa langue, il s'entretint avec moi; et, après quelques autres discours, il me dit : *Acciam croc soler ouch alla moustaph gidelum amanahem varahini oussere carbulath*, c'est-à-dire : « N'as-tu point vu une jeune belle personne, qui est la fille de Monsieur Jourdain, gentilhomme parisien? »

MONSIEUR JOURDAIN. — Le fils du Grand Turc dit cela de moi?

COVIELLE. — Oui. Comme je lui eus répondu que je vous connaissais particulièrement, et que j'avais vu votre fille : « Ah! me dit-il, *marababa sahem* », c'est-à-dire : « Ah! que je suis amoureux d'elle! »

MONSIEUR JOURDAIN. — *Marababa sahem* veut dire « Ah! que je suis amoureux d'elle »?

COVIELLE. — Oui.

MONSIEUR JOURDAIN. — Par ma foi! vous faites bien de me le dire, car pour moi je n'aurais jamais cru que *marababa sahem* eût voulu dire : « Ah! que je suis amoureux d'elle! » Voilà une langue admirable que ce turc!

COVIELLE. — Plus admirable qu'on ne peut croire. Savez-vous bien ce que veut dire *cacaracamouchen*?

Monsieur Jourdain. — *Cacaracamouchen*? Non.

Covielle. — C'est-à-dire « Ma chère âme ».

Monsieur Jourdain. — *Cacaracamouchen* veut dire :
« Ma chère âme? »

Covielle. — Oui.

Monsieur Jourdain. — Voilà qui est merveilleux!
Cacaracamouchen, « Ma chère âme ». Dirait-on jamais
cela? Voilà qui me confond.

Covielle. — Enfin, pour achever mon ambassade, il
vient vous demander votre fille en mariage; et pour
avoir un beau-père qui soit digne de lui, il veut vous faire
Mamamouchi, qui est une certaine grande dignité de son
pays.

Monsieur Jourdain. — *Mamamouchi*?

Covielle. — Oui, *Mamamouchi*; c'est-à-dire, en notre
langue, Paladin. Paladin, ce sont de ces anciens... Paladin enfin. Il n'y a rien de plus noble que cela dans le
monde, et vous irez de pair avec les plus grands seigneurs de la terre.

Monsieur Jourdain. — Le fils du Grand Turc
m'honore beaucoup, et je vous prie de me mener chez lui
pour lui en faire mes remerciements.

Covielle. — Comment? Le voilà qui va venir ici.

Monsieur Jourdain. — Il va venir ici?

Covielle. — Oui; et il amène toutes choses pour la
cérémonie de votre dignité.

Monsieur Jourdain. — Voilà qui est bien prompt.

Covielle. — Son amour ne peut souffrir aucun retar-
dement.

Monsieur Jourdain. — Tout ce qui m'embarrasse ici,
c'est que ma fille est une opiniâtre, qui s'est allée mettre
dans la tête un certain Cléonte, et elle jure de n'épouser
personne que celui-là.

Covielle. — Elle changera de sentiment quand elle
verra le fils du Grand Turc; et puis il se rencontre ici une
aventure merveilleuse, c'est que le fils du Grand Turc
ressemble à ce Cléonte, à peu de chose près. Je viens de
le voir, on me l'a montré; et l'amour qu'elle a pour l'un
pourra passer aisément à l'autre, et... Je l'entends venir;
le voilà.

SCÈNE IV

CLÉONTE, *en Turc, avec trois pages portant sa veste;*
MONSIEUR JOURDAIN, COVIELLE, *déguisé*

CLÉONTE. — *Ambousahim oqui boraf, Jordina, sala-malequi.*

COVIELLE. — C'est-à-dire : « Monsieur Jourdain, votre cœur soit toute l'année comme un rosier fleuri! » Ce sont façons de parler obligeantes de ces pays-là.

MONSIEUR JOURDAIN. — Je suis très humble serviteur de Son Altesse Turque.

COVIELLE. — *Carigar camboto oustin moraf.*

CLÉONTE. — *Oustin yoc catamalequi basum base alla moran.*

COVIELLE. — Il dit : « Que le Ciel vous donne la force des lions et la prudence des serpents! »

MONSIEUR JOURDAIN. — Son Altesse Turque m'honore trop, et je lui souhaite toutes sortes de prospérités.

COVIELLE. — *Ossa binamen sadoc bably oracaf ouram.*

CLÉONTE. — *Bel-men.*

COVIELLE. — Il dit que vous alliez vite avec lui vous préparer pour la cérémonie, afin de voir ensuite votre fille, et de conclure le mariage.

MONSIEUR JOURDAIN. — Tant de choses en deux mots?

COVIELLE. — Oui, la langue turque est comme cela, elle dit beaucoup en peu de paroles. Allez vite où il souhaite.

SCÈNE V
DORANTE, COVIELLE

COVIELLE. — Ha, ha, ha. Ma foi! cela est tout à fait drôle. Quelle dupe! Quand il aurait appris son rôle par cœur, il ne pourrait pas le mieux jouer. Ah! ah! Je vous prie, Monsieur, de nous vouloir aider céans, dans une affaire qui s'y passe.

DORANTE. — Ah, ah, Covielle, qui t'aurait reconnu? Comme te voilà ajusté?

COVIELLE. — Vous voyez. Ah, ah!

DORANTE. — De quoi ris-tu?

COVIELLE. — D'une chose, Monsieur, qui le mérite bien.

DORANTE. — Comment?

COVIELLE. — Je vous le donnerais en bien des fois, Monsieur, à deviner le stratagème dont nous nous servons auprès de Monsieur Jourdain, pour porter son esprit à donner sa fille à mon maître.

DORANTE. — Je ne devine point le stratagème ; mais je devine qu'il ne manquera pas de faire son effet, puisque tu l'entreprends.

COVIELLE. — Je sais, Monsieur, que la bête vous est connue.

DORANTE. — Apprends-moi ce que c'est.

COVIELLE. — Prenez la peine de vous tirer un peu plus loin, pour faire place à ce que j'aperçois venir. Vous pourrez voir une partie de l'histoire, tandis que je vous conterai le reste.

La cérémonie turque pour ennoblir le Bourgeois se fait en danse et en musique, et compose le quatrième intermède.

Le Mufti, quatre Dervis, six Turcs dansants, six Turcs musiciens, et autres joueurs d'instruments à la turque, sont les acteurs de cette cérémonie.

Le Mufti invoque Mahomet avec les douze Turcs et les quatre Dervis ; après on lui amène le Bourgeois, vêtu à la turque, sans turban et sans sabre, auquel il chante ces paroles :

LE MUFTI

Se ti sabir,
Ti respondir ;
Se non sabir,
Tazir, tazir.
Mi star Mufti :
Ti qui star ti ?
Non intendir :
Tazir, tazir.

Le Mufti demande, en même langue, aux Turcs assistants de quelle religion est le Bourgeois, et ils l'assurent qu'il est mahométan. Le Mufti invoque Mahomet en langue franque, et chante les paroles qui suivent :

LE MUFTI

Mahametta per Giourdina
Mi pregar sera é mattina :
Voler far un Paladina
Dé Giourdina, dé Giourdina.
Dar turbanta, é dar scarcina,
Con galera é brigantina,
Per deffender Palestina,
Mahametta, etc.

> *Le Mufti demande aux Turcs si le*
> *Bourgeois sera ferme dans la religion*
> *mahométane, et leur chante ces*
> *paroles :*

LE MUFTI

Star bon Turca Giourdina ?

LES TURCS

Hi valla.

LE MUFTI *danse et chante ces mots :*

Hu la ba ba la chou ba la ba ba la da.

> *Les Turcs répondent les mêmes vers.*
> *Le Mufti propose de donner le turban*
> *au Bourgeois, et chante les paroles qui*
> *suivent :*

LE MUFTI

Ti non star furba ?

LES TURCS

No, no, no.

LE MUFTI

Non star furfanta ?

LES TURCS

No, no, no.

Le Mufti
Donar turbanta, donar turbanta.

> *Les Turcs répètent tout ce qu'a dit le
> Mufti pour donner le turban au Bour-
> geois. Le Mufti et les Dervis se coiffent
> avec des turbans de cérémonie, et l'on
> présente au Mufti l'Alcoran, qui fait une
> seconde invocation avec tout le reste des
> Turcs assistants; après son invocation, il
> donne au Bourgeois l'épée et chante ces
> paroles :*

Le Mufti
Ti star nobilé, é non star fabbola.
    Pigliar schiabbola.

> *Les Turcs répètent les mêmes vers,
> mettant tous le sabre à la main, et six
> d'entre eux dansent autour du Bour-
> geois, auquel ils feignent de donner plu-
> sieurs coups de sabre.*
> *Le Mufti commande aux Turcs de
> bâtonner le Bourgeois, et chante les
> paroles qui suivent :*

Le Mufti
Dara, dara,
Bastonnara, bastonnara.

> *Les Turcs répètent les mêmes vers, et
> lui donnent plusieurs coups de bâton en
> cadence.*
> *Le Mufti, après l'avoir fait bâtonner,
> lui dit en chantant :*

Le Mufti
Non tener honta :
Questa star ultima affronta.

> *Les Turcs répètent les mêmes vers.*
> *Le Mufti recommence une invocation
> et se retire après la cérémonie avec tous
> les Turcs, en dansant et chantant avec
> plusieurs instruments à la turquesque.*

ACTE V

SCÈNE I

MADAME JOURDAIN, MONSIEUR JOURDAIN

MADAME JOURDAIN. — Ah! mon Dieu! miséricorde!
Qu'est-ce que c'est donc cela? Quelle figure! Est-ce un
momon que vous allez porter; et est-il temps d'aller en
masque? Parlez donc, qu'est-ce que c'est que ceci? Qui
vous a fagoté comme cela?

MONSIEUR JOURDAIN. — Voyez l'impertinente, de parler de la sorte à un *Mamamouchi!*

MADAME JOURDAIN. — Comment donc?

MONSIEUR JOURDAIN. — Oui, il me faut porter du
respect maintenant, et l'on vient de me faire *Mamamouchi.*

MADAME JOURDAIN. — Que voulez-vous dire avec votre
Mamamouchi?

MONSIEUR JOURDAIN. — *Mamamouchi*, vous-dis-je. Je
suis *Mamamouchi.*

MADAME JOURDAIN. — Quelle bête est-ce là?

MONSIEUR JOURDAIN. — *Mamamouchi*, c'est-à-dire, en
notre langue, Paladin.

MADAME JOURDAIN. — Baladin! Êtes-vous en âge de
danser des ballets?

MONSIEUR JOURDAIN. — Quelle ignorante! je dis Paladin : c'est une dignité dont on vient de me faire la cérémonie.

MADAME JOURDAIN. — Quelle cérémonie donc ?

MONSIEUR JOURDAIN. — *Mahameta per Jordina.*

MADAME JOURDAIN. — Qu'est-ce que cela veut dire ?

MONSIEUR JOURDAIN. — *Jordina,* c'est-à-dire Jourdain.

MADAME JOURDAIN. — Hé bien ! quoi, Jourdain ?

MONSIEUR JOURDAIN. — *Voler far un Paladina de jordina.*

MADAME JOURDAIN. — Comment ?

MONSIEUR JOURDAIN. — *Dar turbanta con galera.*

MADAME JOURDAIN. — Qu'est-ce à dire cela ?

MONSIEUR JOURDAIN. — *Per deffender Palestina.*

MADAME JOURDAIN. — Que voulez-vous donc dire ?

MONSIEUR JOURDAIN. — *Dara dara bastonnara.*

MADAME JOURDAIN. — Qu'est-ce donc que ce jargon-là ?

MONSIEUR JOURDAIN. — *Non tener honta : questa star l'ultima affronta.*

MADAME JOURDAIN. — Qu'est-ce que c'est donc que tout cela ?

MONSIEUR JOURDAIN *danse et chante.* — Hou la ba ba la chou ba la ba ba la da.

MADAME JOURDAIN. — Hélas ! mon Dieu ! mon mari est devenu fou.

MONSIEUR JOURDAIN, *sortant.* — Paix ! insolente, portez respect à Monsieur le *Mamamouchi.*

MADAME JOURDAIN. — Où est-ce qu'il a donc perdu l'esprit ? Courons l'empêcher de sortir. Ah ! ah ! voici justement le reste de notre écu. Je ne vois que chagrin de tous les côtés.

Elle sort.

SCÈNE II
DORANTE, DORIMÈNE

DORANTE. — Oui, Madame, vous verrez la plus plaisante chose qu'on puisse voir ; et je ne crois pas que dans tout le monde il soit possible de trouver encore un homme aussi fou que celui-là. Et puis, Madame, il faut tâcher de servir l'amour de Cléonte, et d'appuyer toute sa mascarade : c'est un fort galant homme et qui mérite que l'on s'intéresse pour lui.

DORIMÈNE. — J'en fais beaucoup de cas, et il est digne d'une bonne fortune.

DORANTE. — Outre cela, nous avons ici, Madame, un ballet qui nous revient, que nous ne devons pas laisser perdre, et il faut bien voir si mon idée pourra réussir.

DORIMÈNE. — J'ai vu là des apprêts magnifiques, et ce sont des choses, Dorante, que je ne puis plus souffrir. Oui, je veux enfin vous empêcher vos profusions; et, pour rompre le cours à toutes les dépenses que je vous vois faire pour moi, j'ai résolu de me marier promptement avec vous : c'en est le vrai secret, et toutes ces choses finissent avec le mariage.

DORANTE. — Ah! Madame, est-il possible que vous ayez pu prendre pour moi une si douce résolution?

DORIMÈNE. — Ce n'est que pour vous empêcher de vous ruiner; et, sans cela, je vois bien qu'avant qu'il fût peu, vous n'auriez pas un sou.

DORANTE. — Que j'ai d'obligation, Madame, aux soins que vous avez de conserver mon bien! Il est entièrement à vous, aussi bien que mon cœur, et vous en userez de la façon qu'il vous plaira.

DORIMÈNE. — J'userai bien de tous les deux. Mais voici votre homme; la figure en est admirable.

SCÈNE III
MONSIEUR JOURDAIN, DORANTE, DORIMÈNE

DORANTE. — Monsieur, nous venons rendre hommage, Madame et moi, à votre nouvelle dignité, et nous réjouir avec vous du mariage que vous faites de votre fille avec le fils du Grand Turc.

MONSIEUR JOURDAIN, *après avoir fait les révérences à la turque.* — Monsieur, je vous souhaite la force des serpents et la prudence des lions.

DORIMÈNE. — J'ai été bien aise d'être des premières, Monsieur, à venir vous féliciter du haut degré de gloire où vous êtes monté.

MONSIEUR JOURDAIN. — Madame, je vous souhaite toute l'année votre rosier fleuri; je vous suis infiniment obligé de prendre part aux honneurs qui m'arrivent, et j'ai beaucoup de joie de vous voir revenue ici pour vous faire les très humbles excuses de l'extravagance de ma femme.

Dorimène. — Cela n'est rien, j'excuse en elle un pareil mouvement ; votre cœur lui doit être précieux, et il n'est pas étrange que la possession d'un homme comme vous puisse inspirer quelques alarmes.

Monsieur Jourdain. — La possession de mon cœur est une chose qui vous est toute acquise.

Dorante. — Vous voyez, Madame, que Monsieur Jourdain n'est pas de ces gens que les prospérités aveuglent, et qu'il sait, dans sa gloire, connaître encore ses amis.

Dorimène. — C'est la marque d'une âme tout à fait généreuse.

Dorante. — Où est donc Son Altesse Turque ? Nous voudrions bien, comme vos amis, lui rendre nos devoirs.

Monsieur Jourdain. — Le voilà qui vient, et j'ai envoyé quérir ma fille pour lui donner la main.

SCÈNE IV
CLÉONTE, COVIELLE, MONSIEUR JOURDAIN, etc.

Dorante. — Monsieur, nous venons faire la révérence à Votre Altesse, comme amis de Monsieur votre beau-père, et l'assurer avec respect de nos très humbles services.

Monsieur Jourdain. — Où est le truchement, pour lui dire qui vous êtes, et lui faire entendre ce que vous dites ! Vous verrez qu'il vous répondra, et il parle turc à merveille. Holà ! où diantre est-il allé ? (A Cléonte.) *Strouf, strif, strof, straf.* Monsieur est un *grande Segnore, grande Segnore, grande Segnore* ; et Madame une *granda Dama, granda Dama. Ahi*, lui, Monsieur, lui *Mamamouchi* français, et Madame *Mamamouchie* française ; je ne puis pas parler plus clairement. Bon, voici l'interprète. Où allez-vous donc ? nous ne saurions rien dire sans vous. Dites-lui un peu que Monsieur et Madame sont des personnes de grande qualité, qui lui viennent faire la révérence, comme mes amis, et l'assurer de leurs services. Vous allez voir comme il va répondre.

COVIELLE. — *Alabala crociam acci boram alabamen.*

CLÉONTE. — *Catalequi tubal ourin soter amalouchan.*

MONSIEUR JOURDAIN. — Voyez-vous?

COVIELLE. — Il dit que la pluie des prospérités arrose
en tout temps le jardin de votre famille!

MONSIEUR JOURDAIN. — Je vous l'avais bien dit, qu'il
parle turc.

DORANTE. — Cela est admirable.

SCÈNE V
LUCILE, MONSIEUR JOURDAIN,
DORANTE, DORIMÈNE, etc.

MONSIEUR JOURDAIN. — Venez, ma fille, approchez-
vous, et venez donner votre main à Monsieur, qui vous
fait l'honneur de vous demander en mariage.

LUCILE. — Comment, mon père, comme vous voilà
fait! est-ce une comédie que vous jouez?

MONSIEUR JOURDAIN. — Non, non, ce n'est pas une
comédie, c'est une affaire fort sérieuse, et la plus pleine
d'honneur pour vous qui se peut souhaiter. Voilà le mari
que je vous donne.

LUCILE. — A moi, mon père!

MONSIEUR JOURDAIN. — Oui, à vous : allons, touchez-
lui dans la main, et rendez grâce au Ciel de votre
bonheur.

LUCILE. — Je ne veux point me marier.

MONSIEUR JOURDAIN. — Je le veux, moi qui suis votre
père.

LUCILE. — Je n'en ferai rien.

MONSIEUR JOURDAIN. — Ah! que de bruit! Allons, vous
dis-je. Çà, votre main.

LUCILE. — Non, mon père, je vous l'ai dit, il n'est point
de pouvoir qui me puisse obliger de prendre un autre
mari que Cléonte; et je me résoudrai plutôt à toutes les
extrémités, que de... *(Reconnaissant Cléonte.)* Il est vrai
que vous êtes mon père, je vous dois entière obéissance,
et c'est à vous à disposer de moi selon vos volontés.

MONSIEUR JOURDAIN. — Ah! je suis ravi de vous voir si
promptement revenue dans votre devoir, et voilà qui me
plaît, d'avoir une fille obéissante.

SCÈNE DERNIÈRE
MADAME JOURDAIN,
MONSIEUR JOURDAIN, CLÉONTE, etc.

MADAME JOURDAIN. — Comment donc? qu'est-ce que c'est que ceci? On dit que vous voulez donner votre fille en mariage à un carême-prenant.

MONSIEUR JOURDAIN. — Voulez-vous vous taire, impertinente? Vous venez toujours mêler vos extravagances à toutes choses, et il n'y a pas moyen de vous apprendre à être raisonnable.

MADAME JOURDAIN. — C'est vous qu'il n'y a pas moyen de rendre sage, et vous allez de folie en folie. Quel est votre dessein, et que voulez-vous faire avec cet assemblage?

MONSIEUR JOURDAIN. — Je veux marier notre fille avec le fils du Grand Turc.

MADAME JOURDAIN. — Avec le fils du Grand Turc!

MONSIEUR JOURDAIN. — Oui, faites-lui faire vos compliments par le truchement que voilà.

MADAME JOURDAIN. — Je n'ai que faire du truchement, et je lui dirai bien moi-même à son nez qu'il n'aura point ma fille.

MONSIEUR JOURDAIN. — Voulez-vous vous taire, encore une fois?

DORANTE. — Comment, Madame Jourdain, vous vous opposez à un bonheur comme celui-là? Vous refusez Son Altesse Turque pour gendre?

MONSIEUR JOURDAIN. — Mon Dieu, Monsieur, mêlez-vous de vos affaires.

DORIMÈNE. — C'est une grande gloire, qui n'est pas à rejeter.

MADAME JOURDAIN. — Madame, je vous prie aussi de ne vous point embarrasser de ce qui ne vous touche pas.

DORANTE. — C'est l'amitié que nous avons pour vous qui nous fait intéresser dans vos avantages.

MADAME JOURDAIN. — Je me passerai bien de votre amitié.

DORANTE. — Voilà votre fille qui consent aux volontés de son père.

MADAME JOURDAIN. — Ma fille consent à épouser un Turc?

DORANTE. — Sans doute.

MADAME JOURDAIN. — Elle peut oublier Cléonte?

DORANTE. — Que ne fait-on pas pour être grande dame?

MADAME JOURDAIN. — Je l'étranglerais de mes mains, si elle avait fait un coup comme celui-là.

MONSIEUR JOURDAIN. — Voilà bien du caquet. Je vous dis que ce mariage-là se fera.

MADAME JOURDAIN. — Je vous dis, moi, qu'il ne se fera point.

MONSIEUR JOURDAIN. — Ah! que de bruit!

LUCILE. — Ma mère.

MADAME JOURDAIN. — Allez, vous êtes une coquine.

MONSIEUR JOURDAIN. — Quoi? vous la querellez de ce qu'elle m'obéit?

MADAME JOURDAIN. — Oui : elle est à moi, aussi bien qu'à vous.

COVIELLE. — Madame.

MADAME JOURDAIN. — Que me voulez-vous conter, vous?

COVIELLE. — Un mot.

MADAME JOURDAIN. — Je n'ai que faire de votre mot.

COVIELLE, à *Monsieur Jourdain*. — Monsieur, si elle veut écouter une parole en particulier, je vous promets de la faire consentir à ce que vous voulez.

MADAME JOURDAIN. — Je n'y consentirai point.

COVIELLE. — Écoutez-moi seulement.

MADAME JOURDAIN. — Non.

MONSIEUR JOURDAIN. — Écoutez-le.

MADAME JOURDAIN. — Non, je ne veux pas écouter.

MONSIEUR JOURDAIN. — Il vous dira...

MADAME JOURDAIN. — Je ne veux point qu'il me dise rien.

MONSIEUR JOURDAIN. — Voilà une grande obstination de femme! Cela vous fera-t-il mal, de l'entendre?

COVIELLE. — Ne faites que m'écouter; vous ferez après ce qu'il vous plaira.

MADAME JOURDAIN. — Hé bien! quoi?

COVIELLE, *à part*. — Il y a une heure, Madame, que nous vous faisons signe. Ne voyez-vous pas bien que tout ceci n'est fait que pour nous ajuster aux visions de votre mari, que nous l'abusons sous ce déguisement, et que c'est Cléonte lui-même qui est le fils du Grand Turc?

MADAME JOURDAIN. — Ah, ah.

COVIELLE. — Et moi Covielle qui suis le truchement?

MADAME JOURDAIN. — Ah! comme cela, je me rends.

COVIELLE. — Ne faites pas semblant de rien.

MADAME JOURDAIN. — Oui, voilà qui est fait, je consens au mariage.

MONSIEUR JOURDAIN. — Ah! voilà tout le monde raisonnable. Vous ne vouliez pas l'écouter. Je savais bien qu'il vous expliquerait ce que c'est que le fils du Grand Turc.

MADAME JOURDAIN. — Il me l'a expliqué comme il faut, et j'en suis satisfaite. Envoyons quérir un notaire.

DORANTE. — C'est fort bien dit. Et afin, Madame Jourdain, que vous puissiez avoir l'esprit tout à fait content, et que vous perdiez aujourd'hui toute la jalousie que vous pourriez avoir conçue de Monsieur votre mari, c'est que nous nous servirons du même notaire pour nous marier, Madame et moi.

MADAME JOURDAIN. — Je consens aussi à cela.

MONSIEUR JOURDAIN. — C'est pour lui faire accroire.

DORANTE. — Il faut bien l'amuser avec cette feinte.

MONSIEUR JOURDAIN. — Bon, bon. Qu'on aille vite quérir le notaire.

DORANTE. — Tandis qu'il viendra, et qu'il dressera les contrats, voyons notre ballet, et donnons-en le divertissement à Son Altesse Turque.

MONSIEUR JOURDAIN. — C'est fort bien avisé : allons prendre nos places.

MADAME JOURDAIN. — Et Nicole?

MONSIEUR JOURDAIN. — Je la donne au truchement; et ma femme à qui la voudra.

COVIELLE. — Monsieur, je vous remercie. Si l'on en peut voir un plus fou, je l'irai dire à Rome.

La comédie finit par un petit ballet qui
avait été préparé.

BALLET DES NATIONS

PREMIÈRE ENTRÉE

> *Un homme vient donner les livres du*
> *ballet, qui d'abord est fatigué par une*
> *multitude de gens de provinces diffé-*
> *rentes, qui crient en musique pour en*
> *avoir, et par trois importuns, qu'il*
> *trouve toujours sur ses pas.*

DIALOGUE DES GENS
QUI EN MUSIQUE DEMANDENT DES LIVRES

TOUS

A moi, Monsieur, à moi de grâce, à moi,
Monsieur :
   Un livre, s'il vous plaît, à votre serviteur.

HOMME DU BEL AIR

Monsieur, distinguez-nous parmi les gens qui
crient.
   Quelques livres ici, les dames vous en prient.

AUTRE HOMME DU BEL AIR

Holà! Monsieur, Monsieur, ayez la charité
   D'en jeter de notre côté.

FEMME DU BEL AIR

Mon Dieu! qu'aux personnes bien faites
On sait peu rendre honneur céans.

AUTRE FEMME DU BEL AIR

Ils n'ont des livres et des bancs
Que pour Mesdames les grisettes.

GASCON

Aho! l'homme aux libres, qu'on m'en vaille!
J'ai déjà lé poumon usé.
Bous boyez qué chacun mé raille;
Et jé suis escandalisé
De boir és mains dé la canaille

Cé qui m'est par bous refusé.

AUTRE GASCON

Eh cadédis ! Monseu, boyez qui l'on pût être :
Un libret, je bous prie, au varon d'Asbarat.
Jé pense, mordy, qué lé fat
N'a pas l'honneur dé mé connaître.

LE SUISSE

Mon'-sieur le donneur de papieir,
Que veul dir sti façon de fifre ?
Moy l'écorchair tout mon gosieir
A crieir,
Sans que je pouvre afoir ein lifre :
Pardy, mon foi ! Mon'-sieur, je pense fous l'être ifre.

VIEUX BOURGEOIS BABILLARD

De tout ceci, franc et net,
Je suis mal satisfait ;
Et cela sans doute est laid,
Que notre fille,
Si bien faite et si gentille,
De tant d'amoureux l'objet,
N'ait pas à son souhait
Un livre de ballet,
Pour lire le sujet
Du divertissement qu'on fait,
Et que toute notre famille
Si proprement s'habille,
Pour être placée au sommet
De la salle, où l'on met
Les gens de Lantriguet :
De tout ceci, franc et net,
Je suis mal satisfait,
Et cela sans doute est laid.

VIEILLE BOURGEOISE BABILLARDE

Il est vrai que c'est une honte,
Le sang au visage me monte,
Et ce jeteur de vers qui manque au capital
L'entend fort mal ;

C'est un brutal,
Un vrai cheval,
Franc animal,
De faire si peu de compte
D'une fille qui fait l'ornement principal
Du quartier du Palais-Royal,
Et que ces jours passés un comte
Fut prendre la première au bal.
Il l'entend mal;
C'est un brutal,
Un vrai cheval,
Franc animal.

HOMMES ET FEMMES DU BEL AIR

Ah! quel bruit!
            Quel fracas!
                        Quel chaos!
                                    Quel mélange!
Quelle confusion!
            Quelle cohue étrange!
            Quel désordre!
                        Quel embarras!
            On y sèche.
                        L'on n'y tient pas.

GASCON

Bentré! jé suis à vout.

AUTRE GASCON

J'enrage, Diou mé damne!

SUISSE

Ah que li faire saif dans sti sal de cians!

GASCON

Jé murs.

AUTRE GASCON

Jé perds la tramontane.

SUISSE

Mon foi! moi le foudrais être hors de dedans.

VIEUX BOURGEOIS BABILLARD

Allons, ma mie,
Suivez mes pas,

Je vous en prie,
Et ne me quittez pas :
On fait de nous trop peu de cas,
Et je suis las
De ce tracas :
Tout ce fracas,
Cet embarras
Me pèse par trop sur les bras.
S'il me prend jamais envie
De retourner de ma vie
A ballet ni comédie,
Je veux bien qu'on m'estropie.
Allons, ma mie,
Suivez mes pas,
Je vous en prie,
Et ne me quittez pas;
On fait de nous trop peu de cas.

Vieille Bourgeoise babillarde

Allons, mon mignon, mon fils,
Regagnons notre logis,
Et sortons de ce taudis,
Où l'on ne peut être assis :
Ils seront bien ébaubis
Quand ils nous verront partis.
Trop de confusion règne dans cette salle,
Et j'aimerais mieux être au milieu de la Halle.
Si jamais je reviens à semblable régale,
Je veux bien recevoir des soufflets plus de six.
Allons, mon mignon, mon fils,
Regagnons notre logis,
Et sortons de ce taudis,
Où l'on ne peut être assis.

Tous

A moi, Monsieur, à moi de grâce, à moi,
Monsieur :
Un livre, s'il vous plaît, à votre serviteur.

SECONDE ENTRÉE
Les trois importuns dansent.

TROISIÈME ENTRÉE

TROIS ESPAGNOLS *chantent.*

Sé que me muero de amor,
Y solicito el dolor.
Aun muriendo de querer,
De tan buen ayre adolezco,
Que es mas de lo que podezco
Lo que quiero padecer,
Y no pudiendo exceder
A mi deseo el rigor.

Sé que me muero de amor,
Y solicito el dolor.

Lisonxeame la suerte
Con piedad tan advertida,
Que me assegura la vida
En el riesgo de la muerte.
Vivir de su golpe fuerte
Es de mi salud primor.

Sé que, etc.

Six Espagnols dansent.

TROIS MUSICIENS ESPAGNOLS

Ay! que locura, con tonto rigor
Quexarse de Amor,
Del niño bonito
Que todo es dulçura!
Ay! que locura!
Ay! que locura!

ESPAGNOL, *chantant.*

El dolor solicita
El que al dolor se da;
Y nadie de amor muere,
Sino quien no save amar.

DEUX ESPAGNOLS

Dulce muerte es el amor
Con correspondencia ygual;

Y si esta gozamos o,
Porque la quieres turbar?

UN ESPAGNOL

Alegrese enamorado,
Y tome mi parecer;
Que en esto de querer,
Todo es hallar el vado.

TOUS TROIS *ensemble.*

Vaya, vaya de fiestas!
Vaya de vayle!
Alegria, alegria, alegria!
Que esto de dolor es fantasia.

QUATRIÈME ENTRÉE
ITALIENS

UNE MUSICIENNE ITALIENNE *fait le premier récit, dont voici les paroles :*

Di rigori armata il seno,
Contro amor mi ribellai;
Ma fui vinta in un baleno
In mirar duo vaghi rai;
Ahi! che resiste puoco
Cor di gelo a stral di fusco!

Ma si caro è'l mio tormento,
Dolce è s' la piaga mia,
Ch'il penare è'l mio contento,
E'l sanarmi è tirannia.
Ahi! che più giova e piace,
Quanto amor è più vivace!

> *Après l'air que la Musicienne a chanté, deux Scaramouches, deux Trivelins et un Arlequin représentent une nuit à la manière des comédiens italiens, en cadence.*
>
> *Un Musicien italien se joint à la Musicienne italienne, et chante avec elle les paroles qui suivent :*

Le Musicien italien

Bel tempo che vola
Rapisce il contento;
D'Amor nella scola
Si coglie il momento.

La Musicienne

Insin che florida
Ride l'età,
Che pur tropp' orrida
Da noi sen và.

Tous Deux

Sù cantiamo,
Sù godamo
Ne' bei dì di gioventù :
Perduto ben non si racquista più.

Musicien

Pupilla che vaga
Mill' alme incatena
Fà dolce la piaga,
Felice la pena.

Musicienne

Ma poiche frigida
Langue l'età,
Più l'alma rigida
Fiamme non ha.

Tous Deux

Sù cantiamo, etc.

> *Après le dialogue italien, les Scara-*
> *mouches et Trivelins dansent une*
> *réjouissance.*

CINQUIÈME ENTRÉE
FRANÇOIS
PREMIER MENUET

DEUX MUSICIENS POITEVINS *dansent et chantent les paroles qui suivent.*

Ah!qu'il fait beau dans ces bocages!
Ah!que le Ciel donne un beau jour!

AUTRE MUSICIEN

Le rossignol, sous ces tendres feuillages,
Chante aux échos son doux retour :

Ce beau séjour,
Ces doux ramages,
Ce beau séjour
Nous invite à l'amour.

SECOND MENUET

TOUS DEUX *ensemble.*
Vois, ma Climène,
Vois sous ce chêne
S'entre-baiser ces oiseaux amoureux;
Ils n'ont rien dans leurs vœux
Qui les gêne;
De leurs doux feux
Leur âme est pleine.
Qu'ils sont heureux!
Nous pouvons tous deux,
Si tu le veux,
Être comme eux.

> *Six autres Français viennent après, vêtus galamment à la poitevine, trois en hommes et trois en femmes, accompagnés de huit flûtes et de hautbois, et dansent les menuets.*

SIXIÈME ENTRÉE

> *Tout cela finit par le mélange des trois nations, et les applaudissements en danse et en musique de toute l'assistance, qui chante les deux vers qui suivent :*

Quels spectacles charmants, quels plaisirs goûtons-nous!
Les Dieux mêmes, les Dieux n'en ont point de plus doux.

GLOSSAIRE

A

Abord (d'), dès l'abord.
Accommodé, à son aise.
Affidé, à qui on se fie.
Affronter, tromper, abuser.
Air, manière.
Amant, fiancé, soupirant.
Ambigu, mélange.
Amitié, amour.
Amour (faire l'), faire la cour.
Amusement, retard.
Anger, embarrasser.
Angigorniaux, colifichets.
Ascendant, influence des astres
   sur l'homme.
Avenue, voie d'accès.

B

Badinage, sottise.
Bagace, femme de mauvaise
   vie.
Bailler, donner.
Baye, tromperie.
Bec jaune, ignorance, bévue.
Blanc, fard.
Blanchir, ne faire aucun effet.
Bonhomme, homme âgé.
Bouchonner, cajoler.
Bourle, mensonge.
Bourru, fatasque, bizarre.
Brave, vêtu de beaux habits.
Brimborion, colifichets.
Brouhaha, murmure d'appro-
   bation.

C

Cadeau, repas champêtre, fête
   offerte à une dame.
Cajoler, jaser.
Canons, ornements de den-
   telles, au-dessus du genou.
Chaise, chaise à porteurs.
Chanson, sornette.
Chape (sous), sous cape.
Charme, pouvoir magique.
Chevir, être maître de.
Chèvre (prendre la), se fâcher.
Choquer, attaquer.
Claquemurer, enfermer étroite-
   ment.
Clarté, flambeau.

Cœur, courage.
Congé, permission.
Consentir, être du même avis.
Consommer (se), atteindre la perfection.
Contention, débat, dispute.
Convent, couvent.
Coureuse, fille ou femme de mauvaise conduite.
Croix, pièce marquée d'une croix.
Croquignole, chiquenaude.

D

Dam, dommage.
Dauber, tourner en ridicule.
Décri, défense prononcée par cri public.
Déplaisir, chagrin, tristesse.
Derechef, de nouveau.
Détour, tournant de rue.
Diablesse, méchante femme.
Diffamer, défigurer.
Discours, entretien.
Disgrâce, infortune, malheur.
Disposition, agilité.
Disputer, discuter.
Donner (en), sous-entendu : à garder, tromper.
Double, double denier, petite monnaie.
Doute (sans), sans aucun doute.
Droit (avoir), avoir raison.

E

Éclairer, épier.
Éclat, scandale.
Économie, bonne administration.
Effet (en), effectivement.
Effets, partie du bien d'un particulier.
Égyptien, gitan.
Émétique, vomitif à base d'antimoine.

Équipage, habits.
Encloueure, empêchement, obstacle.
Ennui, violent chagrin.
Épices, cadeaux faits aux juges.
Étonner, frapper du tonnerre.

F

Faits, hauts faits.
Fantaisie, imagination.
Faquin, homme de néant.
Fat, sot.
Feindre à, hésiter à.
Femme (bonne), femme âgée.
Féru, frappé au cœur.
Fier, féroce, cruel.
Fleurer, flairer.
Fleuret, pas de danse.
Fleurette, cajolerie.
Fortune, état, condition.
Fossette, jeu de billes.

G

Galant, civil, honnête, poli.
Gamme (chanter la), faire une forte réprimande à quelqu'un.
Gauchir, fléchir.
Gaupe, femme malpropre.
Gémeaux, jumeaux.
Gêne, torture.
Gêner, faire violence.
Génie, disposition naturelle.
Gourmade, coup de poing.
Grouiller, se remuer.
Gueuser, mendier.

H

Hanter, fréquenter.
Hantise, fréquentation.
Hautement, hardiment, résolument.
Heur, bonheur.
Hoirs, héritiers.

Honnêteté, manière d'agir obligeante.

Hypocondrie, état d'anxiété morale.

I

Imbécile, sans force.

Impatroniser (s'), s'emparer.

Impertinent, qui parle ou agit contre la raison.

Imposer, mentir.

Instance, prière, sollicitation; procès.

J

Joli, agréable par sa gentillesse.

Judiciaire, faculté de bien juger.

L

Là-bas, en bas.

Libertinage, irréligion.

M

Machine, adresse, artifice.

Mander, envoyer.

Marchander, hésiter.

Marmouser, homme mal bâti.

Maroufle, homme pesant et sans esprit.

Mazette, mauvais cheval.

Méchant, mauvais, qui ne vaut rien.

Momon, défi au jeu de dés porté par des masques au temps de carnaval.

Monument, tombeau.

Morguer, braver.

Mouvements, passions, affections de l'âme.

N

Naissance, noblesse.

Nécessaire, subst., homme qui se mêle de ce qui ne le regarde pas.

Nécessité, indigence.

Nier, dénier, refuser.

O

Objet, objet d'une passion amoureuse.

Occasions, combats, rencontres de guerre.

Oie (petite), rubans, bas, chapeaux, gants, en général ornements du costume.

Ombre, apparence.

P

Paraguante, pourboire.

Penard, vieillard libertin.

Penser, être sur le point de.

Pied plat, paysan, gros lourdaud.

Plaisant, qui plaît; qui fait rire.

Plancher, plancher ou plafond.

Poudre, poussière.

Poulet, billet amoureux.

Prétendre, rechercher en mariage.

Propre, élégant.

Prude, sage, réglé, circonspect.

Prud'homie, probité.

Q

Qualité (gens de), la noblesse.

Querelle, plainte.

Quitter, se désister, renoncer.

R

Raison (faire), venger.

Ramentevoi, remémorer.

Régale, divertissement.

Rencontres, jeux de mots.

Rengrègement, augmentation.

Ressentiment, sentiment de

reconnaissance ou d'animo-
sité.
Retour, remords.
Rêver, imaginer.
Rhingrave, haut-de-chausses
ample.

S

Scandaliser, décrier, diffamer.
Scoffion, coiffe.
Seing, signature.
Sensible, compréhensible.
Serein, vapeur froide du soir.
Soins, hommages amoureux;
soucis, précautions.
Sot, mari trompé.
Souffleur, alchimiste.
Succès, issue d'une affaire,
bonne ou mauvaise.
Support, appui, protection.

T

Taxer, blâmer.
Tout à l'heure, à l'instant
même.
Traire, flatter pour tirer de
l'argent.
Traits, écriture.
Transports, passion violente.
Tribouiller, remuer, émouvoir.
Tympaniser, décrier haute-
ment et publiquement.

V

Viandes, aliments.
Vilain, paysan; avare.
Visage, aspect.
Visions, extravagances.
Vœux, amour.

Z

Zèle, ferveur religieuse.

TABLE DES MATIÈRES

DISTRIBUTION

ALLEMAGNE
SWAN BUCH-VERTRIEB GMBH
Goldscheuerstrasse 16
D-77694 Kehl/Rhein

BELGIQUE (non francophone)
UITGEVERIJ EN BOEKHANDEL
VAN GENNEP BV
Spuistraat 283
1012 VR Amsterdam
Pays-Bas

BULGARIE
COLIBRI
40 Solunska Street
1000 Sofia

REMUS
14 Benkovsky Street
1000 Sofia

OPEN SOCIETY FUND
125 Bd Tzaringradsko Chaussée
Bloc 5
1113 Sofia

CANADA
EDILIVRE INC.
DIFFUSION SOUSSAN
5740 Ferrier
Mont-Royal, QC H4P 1M7

ESPAGNE
PROLIBRO, S.A.
CL Sierra de Gata, 7
Pol. Ind. San Fernando II
28831 San Fernando de Henares

RIBERA LIBRERIA
PG. Martiartu
48480 Arrigorriaga
Vizcaya

ÉTATS-UNIS
POWELL'S BOOKSTORE
1501 East 57th Street
Chicago, Illinois 60637

TEXAS BOOKMAN
8650 Denton Drive
75235 Dallas, Texas

GRANDE-BRETAGNE
SANDPIPER BOOKS LTD
22 a Langroyd Road
London SW17 7PL

ITALIE
MAGIS BOOKS
Via Raffaello 31/C 6
42100 Reggio Emilia

LIBAN
SORED
Rue Mar Maroun
BP 166210
Beyrouth

MAROC
LIBRAIRIE DES ÉCOLES
12 av. Hassan II
Casablanca

PAYS-BAS
UITGEVERIJ EN BOEKHANDEL
VAN GENNEP BV
Spuistraat 283
1012 VR Amsterdam

POLOGNE
NOWELA
Ul. Towarowa 39/43
61006 Poznan

PORTUGAL
CENTRALIVROS
Av. Cintura do Porto de Lisboa
Urbanizacao da Matinha A-2C
1900 Lisboa

RUSSIE
L.CM
P.O. Box 63
117607 Moscou

MEZHDUNARODNAYA KNIGA
39 Oul. Bolchaia Iakimanka
117049 Moscou

ROUSSKI POUT
Oul. Nicoloiamskaia 1
109189 Moscou

IMPRIMÉ EN CEE
le 29-06-1995
B/049-93 – Dépôt légal, juin 1993